Max Lenz

Martin Luther

Festschrift der Stadt Berlin

Max Lenz

Martin Luther
Festschrift der Stadt Berlin

ISBN/EAN: 9783743615076

Hergestellt in Europa, USA, Kanada, Australien, Japan

Cover: Foto ©ninafisch / pixelio.de

Manufactured and distributed by brebook publishing software
(www.brebook.com)

Max Lenz

Martin Luther

Martin Luther.

—⁂—

Festschrift der Stadt ⬛⬛⬛

für ihre Schulen

zum 10. Novembe⬛

Von

Dr. Max Lenz,

Professor der Geschichte an der Univer⬛

Mit einem Titelbilde.

Berlin 1883.

R. Gaertners Verlagsbuchhandlung

Hermann Heyfelder.

Prospekt.

Magistrat und Stadtverordnete von Berlin haben für die vierte Säkularfeier der Geburt Martin Luthers die Ausarbeitung einer biographischen Festschrift beschlossen, welche am 10. November in den städtischen Schulen an reifere Schüler verteilt werden soll. Beabsichtigt ist eine Schilderung des Reformators und seines Werkes in allgemein verständlicher Form auf wissenschaftlicher Grundlage. Kritische Erörterungen werden der Schrift ebenso fern bleiben wie konfessionelle Polemik; ihre Aufgabe soll sein, Luthers Wesen und Wirken historisch zu begreifen, weil nur dies seiner eigenen Forderung an die Geschichte entspricht, und wir auch nur so hoffen dürfen, die Kraft und Tiefe seines Geistes annähernd zu ergründen.

Um den Charakter als Festschrift zu wahren, wird ihre Veröffentlichung nicht vor der Feier erfolgen, sowenig es dem Wunsche der Auftraggeber widerspricht, wenn sie auch in weiteren Kreisen Aufnahme finden sollte.

Indem sich die unterzeichnete Verlagshandlung der Hoffnung hingiebt, daß sowohl Private als besonders Korporationen nach dem Vorgange der Hauptstadt sich die Verbreitung des Buches angelegen sein lassen werden, erlaubt sie sich, nachstehende Abschnitte auszugeben, welche die Grundsätze der Abfassung anschaulich zu machen geeignet sind.

Das vorliegende Heft dient gleichzeitig als Probe für Druck und Ausstattung.

Der Subskriptionspreis für das vollständige Werk, im Umfange von etwa 13 Bogen, einschließlich eines Titelbildes und eines angemessenen Einbandes beträgt 2,60 Mark. (In Partien billiger.)

Die Ausgabe der Festschrift erfolgt zum 10. November 1883, so zwar, daß die bestellten Exemplare

an allen Orten rechtzeitig

eintreffen werden.

Berlin, SW.

R. Gaertners Verlagsbuchhandlung
Hermann Heyfelder.

Erstes Kapitel.

Deutsche Zustände und Anschauungen in Luthers Jugendzeit.

Das Zeitalter, welches sich von der Geburt Martin Luthers bis zum Beginn seines Kampfes gegen Rom erstreckt, eins der bewegtesten und fruchtbarsten der deutschen Geschichte, schließt in sich das letzte Jahrzehnt Kaiser Friedrichs III. und fast die ganze Regierung seines Sohnes Maximilians I.

Zwei Namen von sehr verschiedenem Klang in der Überlieferung. Im Gedächtnis der Nachwelt haftet Friedrich III. mit den Zügen seines Alters: wie er zu Nürnberg im Burggraben den Bürgerkindern Lebkuchen austeilen läßt, oder daheim mit seinen alchymistischen Gelehrten die Metalle mischt, um den Stein der Weisen zu finden, oder mit Traumdeutern und Astrologen das Glück und die Größe seines Hauses in den Nebeln der Zukunft zu entdecken wähnt. Und doch stand dieser Fürst an der Schwelle des Mannesalters, als er zur Krone Karls des Großen erwählt wurde. Aber er war, so lange er dem Reiche vorstand, eigentlich niemals jung gewesen. In allen Jahren zeigte er die Fehler, die man sonst wohl dem Alter zur Last legt: eine Sparsamkeit, die nur der Lust am Scharren und Besitzen, ein Ruhebedürfnis, das nur der stumpfen Thatenscheu entsprang. Niemand hätte ihm nachsagen können, daß er Ausschweifungen gekrönt hätte; er war zufrieden, wenn er schönes Obst auf seiner Tafel sah. Sorgfältig ging er den Aufregungen und Anstrengungen der Jagd aus dem Wege; dafür stellte er den Vögeln in seinem Garten nach und ergötzte sich an dem Wachstum seiner Birnen und Weintrauben. Noch niemals hatte auf dem deutschen Thron ein so friedliebender Herrscher gesessen, und außer Heinrich IV. hatte keiner so tiefe Demütigungen erdulden müssen. Aber nicht in tragischen, Reich und Kirche durchschütternden Kämpfen trank Friedrich den Kelch

1

des Leibes: in den elendesten Fehden gegen eifersüchtige Verwandte und Nachbarn, trotzige Städte und Barone ging ihm das Leben hin. Fünfundzwanzig Jahre ließ er sich nicht im Reiche blicken. Wie hätte Dem des Reiches Ehre am Herzen liegen sollen, der der eigenen stets vergaß! Nachdem seine Erblande verwüstet, seine Hauptstadt in die Hände der Ungarn gefallen, kam er hülfeflehend herbei und lebte von den Almosen der deutschen Stände — ein Spott auf die großen Herrscher, deren Name und Krone auf ihn gekommen war. Dennoch schwebte seiner trägen Natur ein Lebens= ziel vor, an dem er in aller seiner traumhaften Unbestimmtheit wie an dem Stern des Heiles unverrückt festhielt, das war die auf die kaiserliche Krone gegründete Weltmacht seines Hauses. In den Rätselchiffern, mit denen er sein Spiel trieb: A E I O V, glaubte er sie vorbedeutet: Austriae est imperare orbi universo. Er selbst that nichts, diese Größe heraufzuführen, aber er hatte den Glauben daran und verstand das Warten. Er ließ sich drücken und demütigen, gab aber niemals seine Ansprüche auf. „Das Amt der Rache", war seine Rede, „verwalte die Zeit". Und die Zeit gab ihm recht. Dreiundfünfzig Jahre hat Friedrich III. die höchste weltliche Würde der Christenheit getragen. Und als er das Ende seiner Tage erreicht hatte, sah er die ungarischen und deutschen Feinde besiegt und verdrängt, seinen Sohn im Besitz der römischen Krone, als Herrn des burgundischen Reiches, das Deutschland über= schattete, und die Träume der Weltherrschaft von der Wirklichkeit nicht mehr so weit entfernt.

Welch ein anderer Mann war dann sein Nachfolger, unter dem Martin Luther zum Jüngling und Mann erstarkt ist und den Weckruf an das Gewissen der Christenheit erhoben hat! Sohn einer portugiesischen Mutter, bietet Maximilian I. doch Züge dar, die dem Herzen des deutschen Volkes zu allen Zeiten teuer gewesen sind. Auch sein Leben war erfüllt von Kriegen und Fehden, großen Absichten und kleinen Erfolgen, eine Kette von Demütigungen und Niederlagen. Aber niemals vermied er die Gefahr; sie auf= zusuchen, die persönliche Kraft einzusetzen, sei es auf der Jagd oder im Turnier oder im Getümmel des Gefechtes, war sein Element. Auf keinem unserer alten Kaiser ruht die nationale Erinnerung inniger als auf diesem „letzten Ritter". Mit dem ganzen Zauber der Sage und Poesie ist die sonnige Brautfahrt des jugendschönen Helden verklärt, da er mit dem närrischen Freunde Kunz von der Rosen abenteuernd durch die deutschen Lande zog, das reiche Erbe und die Hand der lieblichen Maria von Burgund zu gewinnen. Um die Klüfte und Felswände Tirols schwebt noch heute das Bild des kaiserlichen Jägers, wie die Sagengestalt Wilhelm Tells um die Firnen und Gletscher der Vierwaldstätter Alpen. Jedoch schon die Zeitgenossen haben die reichsten Kränze des Ruhms auf das lockige Haupt ihres Kaisers gedrückt. Der größte deutsche Maler jener und aller Zeiten, Albrecht Dürer hat Maxens Züge mit der Tiefe und Treue seiner Kunst verewigt. Die Poeten, denen er mit dem Lorbeer lohnte, antworteten ihm in den vollsten Tönen ihrer enthusiastischen Leier. In ihm selbst glühte der mutige und uner= müdliche Wissensdurst und der erfinderische Geist des Zeitalters. Mit Leichtigkeit handhabte er acht Sprachen; in der Geschichte und Mathematik wurden ihm hervorragende Kenntnisse nachgerühmt; er trat mit seinen humanistischen Freunden in ihren lateinischen Komödien auf und disputierte mit den Theologen über die religiösen Probleme; die neue Infanterie, die Landsknechte verehrten in ihm ihren Schöpfer, das Geschützwesen wurde durch ihn von Grund aus umgeschaffen. Mögen wir auf die Marktplätze und in die Gildhallen der deutschen Städte oder in die Hörsäle der Universi= täten treten, in die Werkstätten der Handwerker und Künstler oder in den eisernen Ring der trotzigen Landsknechte — überall begegnet uns die sehnige, straffe Gestalt des Kaisers, als ein Spiegel deutscher Ehren und deutschen Strebens jener Tage.

Und doch war das Lebenswerk Maximilians ein anderes, als es die Interessen Deutschlands fordern mußten. Auch sein Thun und Lassen bewegte sich in den Bahnen, welche sein Vater in un= deutlichen Traumbildern vorgeahnt hatte.

In den Stammlanden überkam er die inneren und äußeren Feindschaften, von denen jener bedrängt gewesen war: seine Kraft und sein Glück verschafften ihm gleich anfangs die Herrschaft in Österreich und alsbald richteten sich seine Gedanken auf den ge= samten Umkreis der böhmisch = ungarischen Reiche, von dem Tief= lande der Oder und den Karpathenpässen bis zu den Stromschnellen von Orsowa. Nach Italien wiesen ihn die Ziele, welche an die Kaiserkrone geknüpft waren; dort sperrte Venedig die Alpenthäler, dessen Politik auch in Ungarn seine Wünsche durchkreuzte. In Burgund war er der Nachfolger Karls des Kühnen, der in den Westalpen die alten Feinde Habsburgs, die freien Eidgenossen bis in den Tod bekämpft, im Elsaß und am Niederrhein dem römischen Reich an das Herz gegriffen, in den Niederlanden und im Norden

der größten Schöpfung deutscher Bürgerkraft, der Hansa die Le=
bensadern unterbunden hatte.

Überall dehnte sich die Macht Maximilians in den alten
Grenzmarken des deutschen Reiches aus. Aber was hatten diese
Bestrebungen mit den Wünschen der deutschen Fürsten und Städte
gemeinsam, welche sich auf den Reichstagen zusammen fanden und
in ihrem Gesamtverbande mit einem Teil der kaiserlichen Länder
das Römische Reich Deutscher Nation darstellten? Ließen sich deren
Interessen noch in eine Richtung, und gerade in die, welche der
Kaiser wollte, kehren? Konnten sie sich decken mit der Macht,
welche sie auf allen Seiten umklammert hielt? Mußte nicht jeder
Versuch, sie in sich zu einigen, zu einem gemeinsamen Organ und
zur Organisierung ihrer Kraft zu bringen, sie in Widerspruch setzen
mit jenen Grenzprovinzen, welche der Zufall des Erbes in einer
Hand vereinigt hatte, welche mit den Interessen der deutschen
Stände hundertfach verbunden und hundertfach in Widerspruch,
die in ihnen gärende Unruhe auf das deutsche Kernland zu über=
tragen strebten?

Gewiß, einst hatten die Erwählten des deutschen Volkes ge=
waltet von der Rhone bis zur Aluta und von den Küsten der
Nordsee bis an die sicilischen Gewässer. Da war ihre Schirm=
gewalt über die Kirche, die Herrschaft über die Welt kein bloßer
Name gewesen. Weit abseits von dem deutschen Machtkreise hatten
die Reiche der pyrenäischen Halbinsel und der englischen Inseln
gelegen; tief in den Schatten gedrückt das französische Königtum,
welches jetzt als Herr Italiens und Rival um die Kaiserkrone
auftrat. Wenn Maximilian auf den Reichstagen die Saumseligkeit
der Stände anfeuern wollte, so beschwor er jene große Vergangen=
heit herauf. Mit tiefinnerer Erregung, mit leidenschaftlicher Auf=
wallung rief er ihnen die großen Ziele des Kaisertums, die Rechte
des Reiches und die Übergriffe der fremden Nationen in das Ge=
dächtnis. Zürnend klagte er, daß er verraten und verlassen, daß
er an Händen und Füßen gebunden sei. Aber er müsse und wolle
den Krieg in Italien führen: „Eher werde ich mich von dem Eide
dispensieren, den ich dort hinter dem Altar zu Frankfurt geschworen
habe; denn nicht allein dem Reiche bin ich verpflichtet, sondern auch
dem Hause Österreich. Ich sage das und muß es sagen, und sollte
ich darüber auch die Krone zu meinen Füßen setzen und sie zertreten.“
Und nicht ohne Eindruck blieb der Kaiser mit solchen Worten.
In weiten Kreisen der Nation fand er das lauteste Echo; die

Fürsten, welche ihm die Hülfe weigerten, waren selbst von den Vorstellungen der früheren Herrlichkeit und des jetzigen Verfalls durchdrungen. Dennoch aber trat Kaiser Max nicht für das dem deutschen Volke eigentümliche Interesse ein, sondern, wie es ihm in jener Zornrede selbst entfuhr, für die Machttendenzen, welche mit seinen burgundischen, österreichischen, böhmischen, ungarischen Besitzungen und Rechtstiteln verwachsen waren. Darüber schwebte ihm die Schattengewalt der Kaiserkrone, welche mit ihren ungemessenen Ansprüchen an alle Welt doch nur aus seinem Hausgute wirklich Nahrung zog. Die alten kirchlichen Traditionen waren mit ihr eng verschwistert, die Größe, ja die Einheit der Nation war erst durch sie geschaffen, die Hochgefühle der Patrioten rankten sich an der Erinnerung ihres früheren Glanzes empor — aber das lebendige Streben der Nation forderte andere Formen und andere Ziele.

Dem Kaiser und seinen Zeitgenossen war der Widerstreit zwischen den Überlieferungen und den Aufgaben der deutschen Politik, wie lebhaft sie ihn auf Schritt und Tritt empfinden mochten, doch noch kaum bewußt geworden. Gerade die geistig freiesten, hochstrebendsten Männer unseres Volkes, die humanistischen Freunde und Verehrer Maximilians tummelten sich am liebsten in den hohen Phantasien eines weltbeherrschenden deutschen Kaisertums. Schrieben und dichteten sie doch in der Sprache Roms und der Cäsaren; die Helden und Götter des römischen Altertums waren ihnen die Gipfel menschlicher Vollkommenheit: wie hätten sie nicht seine politischen Ideale auf ihr Banner schreiben sollen!

In Italien hatten sie die Lehrmeister ihrer Weltauffassung gefunden. Dort war diese stets mit nationaler Begeisterung gepaart gewesen: in den großen Männern der Antike bewunderten Petrarca und seine Jünger die Heroen der vaterländischen Vergangenheit. Die deutschen Humanisten sahen sich mit Beschämung von der Teilnahme an diesem Ruhme ausgeschlossen. Aber darum verleugneten sie nicht das eigene Vaterland. War doch ihr Streben selbst nur die bewußte Form nationalen Erwachens. Deutschland hatte keine heißeren Patrioten als eben sie. Ihr ganzer Stolz bäumte sich auf gegen die Verachtung, welche sie ihre italienischen Lehrer gegen die „gotische Barbarei" zur Schau tragen sahen. Sie glaubten wohl in den Überlieferungen der deutschen Geschichte Spuren der höchsten und ältesten klassischen Kultur, des Griechentums wiederzufinden. Vor allem aber lasen sie mit unaussprech-

licher Genugthuung in den geliebten Alten selbst von den Groß=
thaten ihrer Vorfahren. Alle Völker der Erde hatten die Römer
unterjocht, nur die alten Deutschen hatten sie nicht dämmen können.
Wie schlug den deutschen Gelehrten das Herz, wenn sie nun von
der Heldenkraft des alten Königs „Ehrenfest" lasen, der bei Bisanz
dem großen Cäsar entgegengetreten war, und von dem „Sachsen=
herzog Hermann", der an dem tyrannischen Varus die Unter=
drückung der germanischen Freiheit gerächt hatte! Der größte
Historiker Roms, Cornelius Tacitus selbst schilderte ihnen mit
angstvoller Bewunderung die Tugenden ihrer Altvordern, die un=
widerstehliche, todesverachtende Tapferkeit, den gewaltigen Bau
ihrer Leiber, die edle Einfalt ihrer Sitten, den keuschen Stolz ihrer
Jünglinge und Frauen, die bis in den Tod gewisse Wahrhaftigkeit
und Treue; und triumphierend wiesen sie wohl darauf hin, daß
Rom und Welschland noch heute eben so entartet sei, wie der alte
Römer es geschildert habe.

Und dann erhob sich ihnen aus den Geschichtsdenkmälern,
welche sie dem Staube der Klosterbibliotheken entrissen, die glanz=
umflossene Herrlichkeit des alten Deutschlands: deutsche Kraft hatte
einst von dem Südmeer bis an die äußerste Thule gewaltet,
deutsche Könige der stolzen Roma das Diadem von der Stirn ge=
nommen und Frau Germania aufgedrückt; ein deutscher Herrscher
trug noch jetzt die kaiserliche Krone, derselbe, der den Humanisten
Hort und Gönner, mit allem geistigen Hochwuchs in der Nation
verbrüdert war und unaufhörlich die Verbindung des deutschen
Ruhmes mit seiner eigenen Erhöhung verkündigte. In politischen
Manifesten und gelehrten Werken, in Elegien und Dithyramben,
lateinisch und deutsch schärften die Poeten Kaiser Maximilian seinen
Stolz und den Ruhm seiner Aufgabe ein. Sie begrüßten ihn als
den Mehrer des Reiches, als den Herrn der Welt, den Rächer der
deutschen Ehre an den Franzosen und der „gottlosen Roma", als
den modernen Herakles und Bacchus, der das goldene Zeitalter,
einen neuen Geistesfrühling in dem freien, einigen, mächtigen
Deutschland heraufführen, den Einklang zwischen Religion und
Sitte herstellen, Rom reinigen werde.

Phantasien, wie das Kultur= und Menschheitsideal, das die
Humanisten herbeisehnten, selbst. So, wie sie sich das Altertum
dachten, hatte es niemals bestanden, und nie hätten sie die
lebendige Gegenwart nach jenen Idealen einer untergegangenen
Welt umbilden können. Es waren Traumgestalten ihrer enthu=

siastischen Phantasie; nur dort hatten sie Wahrheit, als Wider=
spiegelungen ihres Geistes in dem Strom der Zeiten, der doch
niemals in sich zurückkehren konnte. Mit der Naivetät wahrer
Begeisterung glaubten die Humanisten an die Lebensfähigkeit ihrer
Gedanken und suchten ihnen Raum in der Welt zu verschaffen;
und vermehrten doch nur die dort gärende Unruhe, und weckten
auf Schritt und Tritt die schneidenden Kontraste, in denen die
Zustände, die sie umgaben, zu ihrer Gedankenwelt standen.

. Blicken wir aber in die deutsche Welt, wie sie war, so
gewahren wir ein wirres Durcheinander von Interessen und Ab=
sichten, Emporstreben und Absterben, eine Fülle des Hoffens,
Klagens und Verzweifelns, zitternde Erregung in den Höhen und
Tiefen der Gesellschaft.

So lange der deutsche Staat bestand, seitdem die Franken=
könige ihn gegründet, hatten Bürgerkriege seine Entwickelung begleitet.
Niemals aber waren diese allgemeiner, erbitterter, resultatloser
gewesen als in den letzten hundert Jahren vor Luthers Geburt.
Die verwüstenden Kämpfe, welche die Städte am Ausgange
des 14. Jahrhunderts um ihre Selbständigkeit gegen Fürsten und
Herren hatten durchfechten müssen, waren sofort durch die Partei=
ungen der großen Häuser abgelöst worden, welche zur Absetzung
König Wenzels und zum Schattenkönigtum Ruprechts führten.
Kaum hatte auf dem Konzil zu Konstanz ein kurzer Schimmer
erborgten Glanzes die Stellung König Sigmunds umgeben, so
folgte das fürchterliche Jahrzehnt der Hussitenkriege. Vergebens
versuchten Kaiser und Reich, in Strömen von Blut das revolutionäre
Feuer zu ersticken. Immer tiefer wurden die Flammen in dem
böhmischen Krater aufgewühlt und ergossen sich in verderbenden
Ausbrüchen weithin durch die schutzlosen deutschen Lande. Das Ende
war die Demütigung des Reiches und der Kirche und die trotzige
Selbständigkeit des doch in sich zerrissenen böhmischen Ketzerstaates.
In Deutschland aber standen alsbald wieder Städte gegen Fürsten,
und Herren gegen Herren in Waffen und trugen in die Hürden
und Scheuern ihrer Bauern Mord und Brand, der, wie Albrecht
Achilles schrieb, „den Krieg ziert wie das Magnificat die Vesper".
Und während die Großen ihre verwüstenden Machtkämpfe
ausfochten, arbeitete es in den unteren Schichten unablässig gegen
das auf sie gelegte Joch. Der kleinere Adel sah sich von den
Städten und Fürsten, weltlichen und geistlichen Territorien bedrängt.

Vergebens schlossen sich seine Mitglieder in größeren Verbänden an einander, hielten sie sich an dem Gut ihrer Hörigen oder an den Wagenzügen der Städter in räuberischen Überfällen schablos — immer dichter wuchsen die ihnen Luft und Boden ent=ziehenden Gewalten um sie zusammen. In den Städten zeigte sich nicht minder lebhaft die Spannung zwischen den Zünften und Geschlechtern: der Gegensatz der Handwerker und Krämer gegen die großen Grundbesitzer und Kaufleute, besonders auch gegen die Juden, der Handarbeiter gegen die Übermacht des Kapitals. Schier zahllos sind die Zunftrevolutionen und Judenverfolgungen, welche die Geschichte der deutschen Städte in dieser Epoche erregen: Erschütterungen meist geringen Umfanges, aber überall gleichartig und tief aufwühlend; der Einsatz des wilden Spiels war fast immer das Blut der Besiegten. Zwischen und unter den Fürsten, Bürgern und Edelleuten aber die breite Masse des Landvolkes, trotzig empor=strebend und murrend gegen den Druck, den die Junker, Stadt=herren und Pfaffen wetteifernd auf sie ausübten.

Es war ein gewaltiger Zündstoff weithin durch die deutschen Lande aufgehäuft. Und unaufhörlich flogen neue Funken von den böhmischen Bergen herüber. Denn das Husitentum war ja nicht bloß eine geistig=religiöse Bewegung, anknüpfend an die Lehren, für welche Hus den Scheiterhaufen bestiegen hatte; auch kam in ihm nicht bloß der nationale Haß der Czechen gegen die Deutschen und deutsches Wesen zum Ausbruch; sondern mit diesen religiösen und nationalen Antipathien verbanden sich die socialen Bestrebungen von dem Gegensatz zwischen dem Landabel und den Städten bis zu den Ausschweifungen des wüstesten Kommunismus. Und wie tief immer die Kluft sein mochte, welche die Kriege zwischen den Slaven und Deutschen rissen, so wurde sie doch für weite Kreise durch die Gemeinsamkeit ihrer socialen Lage und Wünsche überbrückt.

Die Gegensätze verschärften sich nur, je allgemeiner und leb=hafter sie in dem Bewußtsein des Zeitalters festwuchsen. Mit der Erfindung des Bücherdrucks schoß eine ganze Litteratur auf, in der die Erbitterung der Parteien, das unwillige Aufstreben der Unter=drückten, der schroffe Stolz der Herrschenden, bereits auch die Ent=würfe reformatorischer und revolutionärer Geister sich widerspiegelten.

Die Humanisten, die schulmäßig Gebildeten überhaupt kamen selten aus den lustigen Höhen ihrer Weltvorstellung auf diesen Boden der gemeinen Wirklichkeit herab; und geschah es einmal, so zogen sie sich bald wieder in ihre vornehme Abgeschlossenheit zurück

und verwandten die häßlichen Bilder, die sie fanden, meist nur
spottend als Folie zu ihrer lateinischen Bildung, die nun eben nichts
für die Empfindungen und Bedürfnisse des gemeinen Mannes war.
Um so lauter sprachen die Männer, welche mit dem Leben des
Volkes täglich in Berührung kamen, bürgerliche Dichter, Pfarrer,
Buchführer, Agitatoren allerart. In den Chroniken und Pre=
bigten, im Volksliede und Lehrgedicht, im Bühnenspiel, das auf den
Kirchhöfen und Marktplätzen die schaulustige Menge lockte und in
kunstlosen Drucken weiter verbreitet wurde, in den Kalendern, die
mit ihren Weissagungen und Wettersprüchen in jedes Dorf ein=
drangen, hallen uns die Wünsche und Klagen, die Hoffnungen und
Forderungen der Masse entgegen. Auch den höheren Klassen fehlte
es nicht an litterarischen Vorkämpfern, die mit oft ungezügeltem
Standeshaß über die Gegner herfielen. Unter den Junkern und
ihren reisigen Knechten lief die gereimte „Edelmannslehre" herum,
die sie mahnte, den Bauern im Walde abzufangen, ihm alles weg=
zunehmen und „dann die Gurgel abzureißen"; und das galt den
„Pfeffersäcken", den „vermauerten Städtebauern" so gut wie dem
„gemeinen Baumann". Die Bürger aber blieben den hochgeborenen
Räubern nichts schuldig. Wie häufig rückten sie in Wehr und
Waffen aus ihren Thoren, zerbrachen die Zwingburgen und ließen
ablige Gesellen vor der Stadt auf dem Rabenstein büßen! Mit
ingrimmiger Freude schildern uns ihre Lieder die Qualen der
Folter, denen die Unglücklichen erlagen. Und Bürger und Edel=
leute stehen wieder gemeinsam gegen die „groben", die „unnützen",
die „üppigen" Bauern. Man möchte fast meinen, alle Klagen,
welche diese erheben, wären falsch und sie die Bedränger, so laut
und allseitig ertönen die Vorwürfe über ihren Stolz und Über=
mut, die grobe Prachtliebe, mit der sie ihre wachsenden Reich=
tümer in Schnabelschuhen, Zierrat und zerschnittenen Kleidern zur
Schau tragen, im Wein und Kartenspiel die alte Ehrbarkeit und
Mäßigkeit verleugnen.

Und wirklich war der Haß der niederen Klassen, der „armen
Leute" gegen die höheren zum Teil wieder Form und Folge des
wachsenden Wohlstandes und Selbstgefühls. Die Fronden und
Abgaben an ihre Zinsherren waren die einzigen Schranken für
ihre volle Selbständigkeit; dem Territorialstaat oder dem Reiche
selbst waren nicht sie, sondern nur ihre Herren verpflichtet. In
Wehr und Waffen kamen sie unter der Dorflinde und an der
Richtstätte zusammen, pochend und trotzend, und lauschten den

Liedern und Zeitungen, welche von den Siegen der Schweizer
Bauern über die abligen Grundherren ihnen zugetragen wurden.
Mag die Willkür des Adels und der Pfaffen, der Druck der
Naturalleistungen in einer Zeit, die zur Geldwirtschaft hindrängte,
und das verhängnisvolle Eindringen des römischen Rechts für die
Bauern hier und da immerhin überschwer gewesen sein, so läßt sich
doch nicht leugnen, daß ihre Erregung vor allem durch das Streben,
ganz frei, selbst die Herren zu werden, hervorgerufen worden ist.
Schon fehlte es nicht an verlockenden Verheißungen, welche die
Zukunft in solchen Farben malten. Noch war in dem Volks=
gemüt die mystische Gestalt des Kaisers Friedrich lebendig, der den
Übermut der Pfaffen brechen und die Lasten von den Schultern
des armen Mannes nehmen werde. In astrologischen Prophezei=
ungen ward auf eine nahe Zukunft hingedeutet, wo der Bauer
die Messe celebrieren und Pfarrer und Mönch sich am Pfluge ab=
mühen würden, wo der niedrigste und verachtetste Mensch keine
Scheu tragen dürfe, an der höchsten Zier der geistlichen und welt=
lichen Gewalt seine Schuhe zu säubern. Unter dem Namen Kaiser
Sigmunds erschien eine „Reformation", ein vollkommenes Pro=
gramm revolutionärer Forderungen; „eine Trompete des Bauern=
krieges," wie man es genannt hat, worin der Leibeigenschaft und
allen Fronden, dem Holz= und Feldbann, dem Wasserbann und
den Zöllen, den Zehnten und allen Zinsen auf liegende Güter der
Krieg erklärt und auch die Proletarier in den Städten zum Kampf
gegen ihre kapitalistischen Aussauger aufgerufen wurden: „Es
setzt sich niemand wider göttliche Ordnung denn die Gelehrten,
Weisen und Gewaltigen; aber die Kleinen rufen und schreien Gott
an um Hülfe und eine gute Ordnung."

Wo soviel Wind gesät wurde, konnten die Stürme nicht aus=
bleiben.

Schon im Winter 1431 auf 32, während der Krisis der husi=
tischen Revolution, kam es um Worms zu einer Erhebung der
verschuldeten Bauern, mit offenbaren Anklängen an die böhmische
Ketzerei, weithin Schrecken verbreitend. 1468 stand das Landvolk
um Maßmünster im Elsaß auf, zehn Jahre später in Kärnten.
Nahe verwandt war die Bewegung, welche 1475 von der Mutter=
gottes=Kapelle zu Niclashausen aus alle Landschaften vom Elsaß
bis Meißen ergriff. Da kam ein junger Gemeindehirt, Hans
Böhaim von Helmstadt im Taubergrund, der sonst wohl den Bauern

auf den Kirchweihen mit Sackpfeife und Pauke zum Tanz auf=
spielte, auf die Meinung, daß er zu Ehren der heiligen Jungfrau
von Niclashausen berufen sei, der Sinnenlust Valet zu sagen und
als Prediger dem gemeinen Mann dienstbar zu sein. Auf dem
Felde bei seiner Herde erschien ihm die Heilige selbst und weihte
ihn zu ihrem Propheten. Er verbrannte vor den Bauern seine
Pauke und begann bei jener Kapelle zu predigen. Aufs rascheste
durchflog die Kunde das obere Deutschland, und von allen Seiten
strömte das Landvolk herbei, Alte und Junge, Männer und Weiber,
ganze Dorfschaften, mit Geld und Geschenken, meist Wachskerzen;
und immer neue Scharen umbrängten den jungen Schwärmer,
der nicht einmal das Glaubensbekenntnis wußte, nun aber im
zottigen Gewand als ein zweiter Johannes auf einer Tonne oder
aus dem Fenster eines Wirtshauses das neue Evangelium verkün=
digte. Auch er sprach von der Pflicht der Buße, und wenn er ge=
endigt, flogen aus der Menge die Zöpfe, Brusttücher und spitzen
Schuhe, Brettspiele und Karten zu Hauf und loderten in Flammen
auf; aber mitten in die Bußreden fielen drohende Worte gegen die
Herrschenden, den Kaiser, der ein Bösewicht sei, und den Papst
selbst, gegen die Fürsten, welche sich den Raub der Unterthanen,
der betrogenen „armen Teufel" teilten, und die unnütze Pracht und
Verderbnis der Geistlichen, düstere Verkündigungen der Zukunft,
wo der Priester seine Platte mit der Hand bedecken möchte,
damit man ihn nicht erkenne, und leuchtende Bilder einer neuen
Weltordnung, wo Wald, Wasser und Luft, Wild, Fische und
Vögel allen gemeinsam und jedem frei sein werden. Anfangs
begünstigten der Pfarrer des Ortes und die Edelleute der Um=
gegend den Phantasten, der ihnen Kirche und Land reich machte;
bald aber spürten sie die Gefahren dieser Wallfahrt. Reisige des
Bischofs von Würzburg hoben den „heiligen Jüngling" (so nannte
ihn die verzückte Menge) auf, und als die Waller, noch 16 000
stark, in drohender Prozession unter wildem Geschrei gegen die
Felswände der bischöflichen Veste anliefen, zersprengten die
Panzerreiter den wehrlosen Haufen, und der Prophet starb den
Flammentod des Ketzers.

Aber die fiebernde Erregung lebte fort und suchte nach anderen
Auswegen. 1486 blitzte es im Bayrischen auf, einige Jahre später
in der Abtei Kempten, dann unter den Stiftssassen des Bischofs
von Straßburg. Als 1499 die Eidgenossen gegen Kaiser und Reich
kämpften, fanden sie in ganz Oberdeutschland Sympathien.

Überhaupt war die Freiheit der Schweizer Bauern das Vor=
bild, welches den Deutschen vorschwebte; in ihrer Nähe vernahm
man das dumpfe Brausen am lautesten; von dort erwarteten die
Empörten Hülfe. Hausierer, vagierende Mönche und Scholasten,
Musikanten und Landsknechte trugen die Ansteckung weiter. Immer
boten sich auch arme Pfaffen und heruntergekommene Edelleute
zum Hetzen und Führen an, und gern machte das Proletariat der
Städte mit dem armen Baumann gemeine Sache. Mit dem
neuen Jahrhundert mehren sich die Anzeichen eines allgemeinen
Sturmes. 1502 einigten sich im Breisgau Tausende von Bauern
zum „Bundschuh". Ihr Ziel war völliger Umsturz. Sie wurden
verraten und ihre Häupter mit erbarmungsloser Strenge bestraft.
Doch gelang es einigen Rädelsführern zu entkommen und neue
Tausende im ganzen Oberrheinthal auf ihr blutiges Vorhaben zu
vereinigen: nur Papst und Kaiser wollten sie anerkennen, alle andern
Herren abthun, alles gleich machen, wie die heilige Schrift lehre,
jeden, der widerstehe, mit dem Schwert erschlagen. Jahre hindurch
blieben sie unentdeckt; als sie aber 1513 losbrachen und einen Ver=
such auf das starke Freiburg machten, genügte das feste Zusammen=
stehen der Stadt und Markgraf Philipps von Baden, um sie nieder=
zuschlagen. Durch die Schwarzwaldthäler war die Bewegung nach
Württemberg, wo die harte Hand des jungen Herzogs Ulrich schwer
auf der Landschaft drückte, gedrungen; aber auch er schlug ohne
große Mühe den „armen Kunz" in Stadt und Land zu Boden.

Die Reichsgewalt versagte gegenüber den Aufgaben, welche ihr
aus diesen tiefgehenden, gewaltigen Erschütterungen erwuchsen, voll=
ständig. Dem Kaiser fuhr wohl gar einmal der flüchtige Gedanke
durch den Sinn, diese Ungewitter der Tiefe gegen die ihm feind=
lichen Stände zu entfesseln. Nur die Kleinkreise selbst, in denen
die staatliche Organisation festere Form gewonnen, hatten wie die
Macht so den Willen, das Feuer zu löschen, aber sie versuchten es
nicht anders, als indem sie es gewaltsam erstickten.

In der allgemeinen Zersplitterung, welche so das Bild des
deutschen Staates in Luthers Jugendzeit darbietet, — man zählte
im Heerschilde des Reichs an 75 Pfaffen= und 37 Laienfürsten,
etwa ein Dutzend großer und gleichviel kleine Reichsstädte, dazu
erst die Menge der Grafen und Herren, und der mehr oder minder
freien landständischen Herrschaften — bemerken wir nur eine ein=
heitlich gefügte und geleitete Macht, die über allen die Hand hielt:
das war die römische Kirche.

Auch sie hatte sich erst vor kurzem aus der Zersetzung, die sie mit der ganzen Christenheit ergriffen, zu der alten monarchischen Straffheit herausgearbeitet. Mit Zittern blickten die Päpste auf die einschneidenden Dogmen der konziliaren Allgewalt hin, denen sie sich auf den Reformkonzilien von Konstanz und Basel gebeugt hatten und die sie seitdem durch ihre Theologen und sogar ihre Bullen, mehr noch durch ihre Politik thatsächlich zu entkräften wagen durften. Schon hatten sie das Mittel gefunden, sich mit den großen Monarchien, die sich in den Stürmen dieser Zeiten erhoben, auseinanderzusetzen, das partielle Konkordat. Vor allem aber mußte es ihre Aufgabe sein, in dem weltlichen Staat ihrer Kirche und in ihrer Hauptstadt selbst festen Boden zu gewinnen. Das war nun ein Ziel, mit dem sie etwas ganz Neues für die römische Kirche erstrebten. Denn im Mittelalter, wo sie den Traum ihrer Weltherrschaft der Verwirklichung am nächsten gebracht, über das Kaisertum und die reichsten Kronen der Christenheit als Lehen des heiligen Petrus verfügt hatten, war ihre Macht und Würde zu allen Zeiten ein Fangball für den Ehrgeiz der ein= heimischen Parteien gewesen. Dieselbe Zersplitterung, welche ihre geistlich=weltliche Oberhoheit in allen übrigen Reichen hatte einwur= zeln lassen, bedingte daheim das fortdauernde Schwanken ihres Thrones. Auch ihrer Weltherrschaft war dies häufig gefährlich geworden. Daß schließlich Philipp der Schöne von Frankreich Bonifaz VIII. vernichten und das Papsttum auf Jahrzehnte an die französische Krone fesseln konnte, schuldete er vor allem dem töblichen Haß der Colonna's gegen jenen Papst. Die Stürme des Schisma, die Erniedrigungen der konziliaren Epoche hatte das Papsttum zum guten Teil seiner haltlosen Stellung in Italien zu verdanken.

So ward es eine Lebensbedingung für die römische Kirche, wenn nun die Nachfolger Petri im 15. Jahrhundert es ihre erste Sorge sein ließen, im eigenen Hause Ordnung zu machen. Das Verdienst, dies erreicht, den Kirchenstaat recht eigentlich erst ge= gründet zu haben, gebührt denselben Päpsten, welche nach der Niederwerfung des Baseler Konzils von Nicolaus V. bis auf Leo X. noch einmal die ungeteilte Herrschaft über die abendländische Christenheit besessen haben. Sie unternahmen damit nichts anderes als alle damaligen Regenten in dem Gesamtumfang ihrer Kirche: den modernen Staat suchten sie aus den Feudalordnungen des Mittelalters herauszuheben. Sie führten ihre Aufgabe durch in=

mitten einer Welt, wo sich auf den Trümmern halbzerstörter Bil=
bungen eine Menge kleiner Gewalthaber durch die Kraft des Armes
und Talentes emporarbeiteten. Vorwärtskommen, Macht gewinnen
und Genießen war das allgemeine Streben, jedes Mittel recht,
wenn es zum Ziel führte, jedes Verbrechen nur verachtet, wenn
es ungeschickt ersonnen oder zaghaft ausgeführt ward. Da konnten
auch die Mittel, zu denen die Päpste griffen, keine anderen sein;
ihre Regierungsform, ihr Hof und Staat, ihr persönliches Wollen
und Empfinden wurden von demselben Schlage. Wir finden unter
ihnen Menschen, deren fluchwürdiges Andenken in aller Geschichte
nur noch ein Vorbild hat, das der römischen Cäsaren, welche des
Tacitus rächende Muse zum Abscheu der Jahrhunderte gemacht
hat: so paaren sich auch bei jenen ungeheure Lüste und Verbrechen
mit der weltbeherrschenden Stellung und den göttlichen Ehren,
welche sie forderten und empfingen. Die grauenhaften Zustände,
welche das Haus und Leben Alexanders VI. zeigten, finden kaum
an Neros Hof ihresgleichen; es ist als ob die halb mystischen
Vorstellungen von dem Antichrist, welche Luther mit dem Papsttum
verband, in diesem „Nachfolger Christi" leibhaftig geworden wären.

Aber über diesem Abgrunde des sittlichen Todes liegt ausge=
breitet der Blumenteppich der Renaissance, die sonnige Blüte der
neuklassischen Kunst, die freieste und reinste Schöpfung, welche die
Menschheit dem Genius Italiens verdankt: ein unvergänglicher
Glanz, eine Fülle des Schönen, welche die zertrümmerte Idealwelt,
auf der sie emporwuchs, fast übertrifft — so daß von neuem und auf
immer das stolze Wort, mit dem einst Plinius sein Heimatland
begrüßte, Wahrheit geworden ist: haec est Italia Diis sacra!

Und die schönste Kultusstätte dieser hoheitsvollen Kunst das
Rom Alexanders VI.! Unter ihm wie seinen nächsten Vorgängern
und Nachfolgern kamen die Künstler herbei, welche Rom zur geistigen
Hauptstadt Italiens machten. Die Werke aber, die sie schufen,
verkörperten fast alle die Ideen und Ansprüche, welche die Kirche
Roms in Vergangenheit und Gegenwart vertrat. Sie bildeten das
Leben der höchsten Heiligen, der Muttergottes ab mit der innigen,
reizvollen Andacht, welche die heiligen Urkunden und die Legende
widerspiegeln: die fromme Andacht der Jungfrau, da der Engel
des Herrn das himmlische Geheimnis verkündigt, die Seligkeit
des mütterlichen Glückes an dem göttlichen Kinde und die Zer=
rissenheit des Mutterherzens bei seinem Leiden und Sterben bis zu
ihrer verklärten Wiedervereinigung in den Höhen des Himmels;

ober das Erbenwallen des Heilandes, sein Predigen, seine Wunder,
sein Beten und Ringen, die milde Hoheit seiner Triumphe und
alle seine Marter bis zu dem jammervollsten Tode, die Verklärung
und Auferstehung und seine Rückkehr in die Wohnungen des Vaters;
ihre Phantasie sprengte die Pforten des Himmels selbst und sie
wagten das Antlitz Gottes darzustellen und die himmlischen Heer=
scharen, welche allen Jubel der befreiten Menschenbrust wieder=
tönen, und die grausigen Schrecknisse jenes Tages, wo die Gnade
ein Ende hat und das Gericht beginnt; die Geschichte der Kirche,
ihre Leiden und Siege, die Qualen und die Heiligung ihrer Mär=
tyrer, ihre Triumphe über tyrannische Verfolger und frevelnde
Ketzer, die kriegerischen Erfolge ihrer päpstlichen Beschützer selbst
gewannen in ihren Schöpfungen Leben. Das alles aber mit
einem Glauben geschildert, der kein Fragen und Grübeln kannte,
mit sinnlicher Lust die höchsten Geheimnisse zu ergreifen und zu
verkörpern trachtete, in Formen, welche der heidnischen Vorzeit ab=
gelauscht waren, aber mit einer Glut der Empfindung, worin
religiöse Andacht, nationales Hochgefühl und künstlerische Begeiste=
rung wundervoll zusammenklangen.

Eine Verbindung von Laster und Schönheit, Verkommenheit
und Genie, die uns modernen Menschen völlig unbegreiflich ist und
nur noch durch ein, und zwar ein modernes Rätsel übertroffen wird:
die Vorstellung nämlich, daß in den fürchterlichen Menschen, welche
damals an der Spitze der Kirche standen, Gott der Allmächtige die
unfehlbaren Träger seines Evangelium, die Spender seiner un=
verdienten Gnade hätte hinstellen wollen.

Suchen wir sie aber mit ihrem Hof und Staat als einen Teil
der italienischen Kultur ihrer Zeit zu begreifen, so wird es uns
schwer fallen, Schuld und Schicksal selbst bei diesen Menschen zu
unterscheiden. Sie lebten nun einmal in einer politischen Welt
der Selbstsucht und Arglist. Der schärfste Denker des damaligen
Italien, dem seine Nation heute als dem Propheten ihrer Einheit
und Freiheit huldigt, Nicolo Machiavelli stellte den teuflischen
Sohn Alexanders VI. Cesare Borgia als das Idealbild des Fürsten
hin, von dem Italien seine Rettung erwarten könnte. Wie hätten
diese Herrscher in einer Umgebung, welche in der Politik kein Glück
als den Vorteil, keine Tugend als die Klugheit kannte, ihren
Staat gründen können, wenn sie sich von den nationalen Sünden
rein erhalten hätten!

Es ist wahr, die Frevelhaftigkeit erscheint in ihnen bei ihrer

Stellung ungeheurer als in den andern; über der Sorge für sich
und ihr Haus vergaßen sie selbst die Interessen des Kirchen=
staates bis zu dem Gedanken der Vernichtung seiner geistlichen
Bestimmung; dann aber trat doch Einer auf, der Größte unter
ihnen, der Bewunderer und bewunderte Gönner Raphaels und
Michel Angelos, Papst Julius II., der bei aller Leidenschaft, die
auch ihn, den von Krankheit und Alter Gebeugten durchwühlte,
doch immer ein großes, außer ihm liegendes Ziel verfolgte, eben
den Staat der Kirche unter den Mächten der Welt aufzurichten.
So vollendete er, woran die Eigensucht seiner Vorgänger geschei=
tert war. Auch er mußte dabei das Gesamtwohl Italiens,
dessen geistige Wiedergeburt er beschützte, verleugnen; die fremden
Mächte mußte er, wie Alexander VI., in das Land rufen; aber er
hat dafür der päpstlichen Theokratie die Stützen geschaffen, ohne
welche sie in der neuen Weltordnung nicht mehr bestehen konnte —
und Rom gehörte eben der Welt an.

Das also war die Kirche, an welche Deutschland gekettet war,
unter der Martin Luther aufgewachsen ist, von der er sein Volk
losgerissen hat; das die Macht, welche unter allen, die den deutschen
Boden überdeckten, die geschlossenste und stärkste war. Es ist aber
volle Wahrheit, in dem von sittlicher Fäulnis zerfressenen Rom der
Rovere= und Borgia=Päpste schlug noch immer das Herz unseres
kirchlichen Lebens: die Bistümer und Abteien, welche fast ein
Drittel des Reichsgutes ausmachten; die Mönchs= und Nonnen=
orden, welche mit ihren affiliierten Genossenschaften in dichten
Netzen alle Landschaften überspannten, mit den niedrigsten und
höchsten Kreisen des Volkes verflochten waren; die Ritterorden, vor
allen die Deutschherren, welche mit ihren 12 Balleien das Ober=
und Niederland umschlossen und mit dem preußischen Ordensstaate
noch immer unter den Mächten des Nordens eine große Stellung
behaupteten; die Fürsten, welche untereinander und mit dem Adel
um die Reichsstifter zankten und die Landeshoheit über die eigenen
Bistümer und Klöster auszudehnen suchten; die Universitäten,
welche mit der Landesherrschaft eng verbunden doch auch wieder
den allgemeinen kirchlichen Zusammenhang und die eigene Selb=
ständigkeit erhalten wollten — sie alle waren mit den Ketten tausend=
facher Interessen an das Centrum des christlichen Staates gefesselt,
suchten und fanden in Rom den Punkt, der allein ihren Ansprüchen
Sicherheit geben konnte. Und das war die alte Überlieferung,
die wohl bisweilen gestört, aber niemals unterbrochen, durch eine viel=

hundertjährige Praxis, eine Verwaltungskunst ohne gleichen vor-
gebildet, getragen, schier unzerreißbar geworden war. Die Päpste selbst
mochten aufgehen in dem Glanz und den Lastern ihres Hoflebens:
die Verwaltung ihrer deutschen Kirchenprovinz lief fort in den alten
Geleisen, weil die Interessenten dort selbst sie darin festhielten.

In jede Stadt und jedes Dorf, zu jedem einzelnen, in alle
Lebensregungen drang der fesselnde Einfluß der kurialen Herrschaft.
Die Bischöfe und die eximierten Äbte waren zunächst durch die
Konfirmationsgelder gebunden: Zahlungen für ihre Bestätigung,
welche oft den Jahreseinkünften gleichkamen; in Mainz waren es
im 15. Jahrhundert 27 000 Gulden; siebenmal mußten sie in einem
Menschenalter nach Rom geliefert werden. Die Erzbischöfe hatten das
Vorrecht, bei feierlichen Gelegenheiten das Pallium zu tragen, eine
schmale Wollenbinde, welche, von den Nonnen der heiligen Agnes
gesponnen, auf den Apostelgräbern gelegen hatte. Sie kostete neue
Tausende, und ein Abweisen der Ehre war nicht gestattet, Absetzung und Bann, wo es versucht ward, die Folge; nur der Besitz
des Pallium gab den rheinischen Erzbischöfen das Recht, bei der Kaiser-
krönung zu fungieren. Die niederen Kleriker waren durch die An-
naten in Pflicht genommen, die halben „Früchte des ersten Jahres“,
deren Mainz einmal 175 000 Gulden abzugeben hatte. Keine Pro-
teste halfen: „Wer weidet die Herde“, lautete die Antwort, „und
genießt nicht auch von der Milch der Herde?“ Es geschah alles
nach göttlichem Recht, und was das sei, hatte der Stellvertreter
Gottes auf Erden zu bestimmen. Ferner die unregelmäßigen Abgaben. Seit Innocenz III. war den Päpsten eine stets wachsende Zahl von größeren und kleineren Benefizien reserviert. Zahl
und Auswahl lag in ihrem Belieben oder in ihren Abmachungen
mit den Patronen und Kandidaten. Provisionsbullen hatten sie
für die erledigten, Exspektanzbullen für die noch besetzten Stellen.
Alle kosteten Geld. Je fetter die Pfründen, um so stärker die Nach-
frage, um so höher der Preis. Unzählige Stellenjäger drängten
sich in Rom zusammen, um die Ämter einander wegzukapern; auch
dazu half aber nur der goldene Schlüssel, der übrigens in alle
Thüren bis zu den allerheiligsten Gemächern paßte. Oft gab man
auf diesem geistlichen Jahrmarkt eine Pfründe an mehrere Bittsteller: mochten sie daheim zusehen, wer sie dem andern abjagte.
Dazu nun die Steuern, welche die Masse der Gläubigen selbst be-
lasteten: Peterspfennige, Kreuzzugs- und Türkengelder — und was
Ungläubige waren, hatte nur wieder Rom zu entscheiden —, Ehren-

2

geschenke, Trinkgelder (popinae), nach denen sich alle Hände öffneten
von Seiner Heiligkeit abwärts bis zu dem untersten Thürhüter.
Mehr als alles dies aber brachte der Kleinverkauf der geist=
lichen Gnaden: die Fakultäten, Privilegien und Lizenzen, die Dis=
pensen, Kommutationen und Remissionen, die Absolutionen, unter
denen die Ablässe, und Indulgenzen. In dem Taxenbuch, das bis
zur Reformation in mehrfachen Auflagen aus päpstlichen Pressen
zum Handgebrauch der Kurialen hervorging, waren die Sünden
und ihre Bußpreise verzeichnet. Geistliche und Weltliche vom
Kaiser bis zum Bauer konnten sich daraus vernehmen; für alle
Untiefen und Irrwege des Menschenlebens lag hier der Goldanker
der Rettung. Pflichtversäumnisse und Mißbräuche, Verletzung der
kirchlichen Gesetze, Verrat der geistlichen Interessen, Unterlassung
von Pilgerfahrten und Bußübungen, Verkehr mit Ungläubigen
und Ketzern, Bruch des Eides, Wucher, Diebstahl, Brandstiftung,
Mord — alles ward gesühnt oder erlaubt dem, der zahlte. Je
schwerer die Schuld, um so größer die Gnade, um so höher ihr
Preis. Aber nichts war umsonst. „Merke wohl", heißt es in den
Artikeln, die von den Ehedispensen handelten und sich bis auf die
durch das göttliche Gesetz verbotenen Grade erstreckten, „daß der=
artige Gnaden und Dispensationen den Armen nicht verliehen
werden, weil sie nicht mitzählen; daher können sie nicht getröstet
werden." Die Legende preist Sankt Crispin, der das Leder
stahl, um den Armen Schuhe zu schaffen: Roms Barmherzigkeit
ließ den Dieben, Schmugglern und Wucherern das erschlichene Gut
und sprach sie der Sünde ledig, wenn sie ihm nur einen Teil des
Erwerbs abgaben. Die höchste Schuld aber [blieb]das Majestäts=
verbrechen gegen die Kirche selbst: ein Geistlicher, der einen Ex=
kommunizierten zum Gottesdienst zuließ, hatte soviel zu zahlen wie
derjenige, der seinen Vater ermordete, oder wie ein Mönch, der
sein Kloster verließ oder Schnabelschuhe trug, mehr als ein Mein=
eidiger, doch nicht soviel wie derjenige, der während des Interdiktes
einem Gestorbenen den letzten Liebesdienst des Begräbnisses erwies.
„Es giebt nichts", klagte Aeneas Sylvius, bevor er Papst geworden,
„was die römische Kurie ohne Geld verliehe. Denn selbst die Hand=
auflegungen und die Geschenke des heiligen Geistes werden verkauft.
Und Verzeihung der Sünden wird nur gegen klingende Münze
erteilt."
Inch Deutschland herrschten zu einer Zeit, die noch keine Zei=
tungen kannte, wo nur Reisende und Vaganten, Lieder und Briefe,

bisweilen ein paar Flugschriften den geistigen Verkehr vermittelten, jede Landschaft, jede Stadt eine kleine Welt in sich war, nicht bloß in der breiten Masse, sondern auch in den höheren Schichten über das Leben und Treiben am päpstlichen Hof sehr unbestimmte Vor= stellungen. Rom blieb trotz allem die ewige Stadt, der durch die Jahrhunderte geheiligte Sitz der „Nachfolger Christi", geweiht durch das Blut einer Heerschar von Märtyrern, prangend in dem Glanz der ältesten Kirchen, erfüllt von zahllosen Reliquien. Nirgends fühlte man sich dem Himmel näher als dort.

Noch immer war der Eifer des Wallens groß, und keine Stätte konnte die Pilger mehr locken als Rom, das für die Deut= schen überdies leichter zu erreichen war, als St. Jago und Jerusa= lem. Hunderttausende strömten im Jahre 1500 zusammen, als Alexander VI. zum Jubiläum der Kirche einlud. Auch das heilige Land war noch immer das Ziel frommer Reisen; doch konnten nur die Wohlhabenden und die Fürsten, wie Sickingens Vater und Friedrich der Weise, die kostspielige Seefahrt unternehmen. Den Ärmeren gegenüber begnügte sich die Barmherzigkeit der Kirche mit einem Teil des Reisegeldes oder bot ihnen Stätten der Ver= ehrung in der Heimat, wie die Marienkirche in Aachen und das Grab des heiligen Benno in Meißen, oder neue Plätze, die sich plötzlich mit dem Geruch der Heiligkeit umgaben.

Auch jetzt offenbarte sich in diesen Pilgerzügen, wie einst in den Kreuzfahrten, die alte deutsche Wanderlust. Die Wallfahrt der großen Herren nach Jerusalem verlief fast wie eine Vergnü= gungsreise; vielleicht etwas abenteuerlicher, aber mindestens ebenso kostspielig und belustigend wie heute: nur daß man damals neben der frohen Erinnerung an fremde Länder und Völker noch das behagliche Gefühl, sich mit dem lieben Gott einmal gründlich aus= einandergesetzt zu haben, heimbrachte. Bisweilen ergriff der Trieb die Massen mit der zügellosen Wut der Flagellanten; so, als im Sommer 1475 eine längst verehrte blutige Hostie in dem altmärkischen Städtchen Wilsnack urplötzlich alle Welt herbeizog. Diesmal wurden besonders die Kinder und jungen Leute ergriffen, Knaben und Mädchen, denen sich dann auch die Alten anschlossen. Auf allen Landstraßen traf man sie zu Hunderten, unter Führung des Schulmeisters mit Kreuzen und Fahnen, ohne Geld, bettelnd und Kyrieleison singend. Wie von unsichtbaren Händen wurden sie vorwärts getrieben. Gewalt half nichts, weder Predigt noch Beichtzwang hielt sie zurück. Es war ein unmittelbares Vorspiel für das Auftreten des Pfeifers

2*

von Niclashausen, dessen Prophetentum ja auch von der dortigen Wallfahrtskirche der Muttergottes ausging.

Auch anderswo tauchten wunderthätige Marienbilder auf, blut= schwitzende Hostien und Stigmatisierte, die alle Wundmale des Hei= landes am Körper trugen, Betrüger oder Opfer des Betruges. Die wüsteste dieser geistigen Epidemicen ist die der Kreuzwunder, welche Ostern 1501 von der Diöcese Lüttich aus die gesamten Rheinlande in fiebernde Erregung setzte, in ihren Ausstrahlungen bis nach Dänemark, Polen und Ungarn reichte und Jahre hin= durch nachzitterte. Goldfarbige und blutige Kreuze und Sterne, oft selbst Lanze, Geißel und Nägel wollte man wie vom Himmel ge= fallen auf den Kopftüchern der Frauen oder der Stola der celebrie= renden Priester bemerken. Schrecken ergriff die Menge. Man deutete die Flecken auf Pest und Krieg. Tausende gelobten, um den Zorn Gottes zu sühnen, die Wallfahrt; im härenen Büßer= gewand, einen Strick von Weidenbast um den Leib, ein hölzernes Kreuz in der Hand zogen sie daher; wo sie hinkamen, erschütterten ihre Bußprediger die Herzen der Hörer. Kam einmal von Rom her ein Legat in das deutsche Land, wie 1501 der schlaue Franzose Raimund Perrand mit reichen Ablaßschätzen, um zum Jubiläum und Türkenkriege anzuspornen, so nahm er mit freudigem Erstaunen die allgemeine Devotion wahr. Von allen Seiten drängten sich an ihn die Bittsteller und Pfründenjäger; die Fürsten des Reiches empfahlen die öffentlichen Ordnungen seinem Schutze; mit Glocken= klang, Kreuzen und Fahnen ward er in den Städten von Bürger= schaft und Geistlichkeit aufgenommen; hob er unter dem Baldachin, den die Vornehmsten vom Magistrat trugen, die Finger zum Segen, so fiel das Volk, das die Straße füllte, andächtig auf die Kniee.

Das ganze öffentliche und private Leben war getragen und durchdrungen von den kirchlichen Vorstellungen. Noch baute man überall fort an den Domen, welche die Andacht der früheren Zeiten gegründet hatte, mit nicht geringerem Eifer, wenn auch mit sichtlichem Erlahmen des künstlerischen Könnens; und in den Städten wie in den Dörfern, auf den Berggipfeln und an den Wegen erhoben sich immer neue Kirchen und Kapellen. Niemals hatte die Muttergottes innigere Verehrung gefunden. Nach Hunderten zählen die Gotteshäuser, die ihr geweiht wurden. Erst in dieser Epoche füllten sie sich mit den Gemälden, Erzbildern und Schnitz= werken, welche zum großen Teil dem rigorosen Eifer der evangelischen Magistrate oder sogar den rohen Ausschreitungen empörter Volks=

maffen zum Opfer gefallen, wo fie aber erhalten find, das lebenbigfte
Zeugnis bilden für die innige, opferwillige Anbacht und die in aller
Befchränktheit doch charaktervolle und bedeutende Kunft jener Zeiten.
Nach Maria nannten fich zahlreiche Brüberschaften, die Lieb-
frauengilben, welche fich zur Armenpflege und ehrbarem Lebens-
wanbel zufammenthaten. Die Anbacht, welche man ber hohen
Himmelstönigin wibmete, führte weiter zurück zu ihrer Mutter, ber
heiligen Anna, deren Namen eine Unzahl neuer Kirchen und Kapellen erhielten. Es war die Gottheit, welche unter den Bergleuten
in Luthers Mansfelber Heimat befonbere Verehrung fand. Auch
auf ihren Namen wurden viele Genoffenschaften geftiftet.
Überhaupt regte fich allerorten in den klöfterlichen Vereini-
gungen der Trieb nach Zufammenfaffung, Herftellung des ursprüng-
lichen Geiftes und Ausbreitung. Längft beftanb die von den Niederlanden aus weit verbreitete „Brüberschaft vom gemeinfamen Leben",
welche den unentgeltlichen Unterricht pflegte und Männer wie Gerharb
Grote und Thomas a Kempis unter ihren Größen zählte. Aber
erft in der zweiten Hälfte des 15. Jahrhunderts entfalteten ihre
Schulen, aus deren berühmtefter zu Deventer Päbagogen und Gelehrte wie Alexander Hegius, Rudolf von Langen, Ludwig von
Dringenberg und Erasmus hervorgingen, ihre großartigfte Wirkfam-
keit. Der geiftvoll-wunderliche Abt Trithemius von Sponheim
fuchte in den Benebiktinern die alte fittliche und wiffenschaftliche
Tüchtigkeit zu erwecken. Die Dominikaner und Franziskaner be-
wahrten noch immer auf Lehr- und Beichtstuhl das alte Anfehen,
wie viel Anfeinbung fie auch burcheinander ober von anderer
Seite finden mochten. Jene fühlten fich ftolz im Befitz der Inquifition. Einer ihrer Ketzermeifter war Jakob Sprenger, der in
dem „Herenhammer" wenige Jahre nach Luthers Geburt alle zer-
ftreuten Wahnvorftellungen des Volkes über die „Unholden" zu
einem grauenhaften Syftem des Hexenglaubens und feiner Ver-
folgung vereinigte. Sein Buch und die Bulle Innocenz' VIII.,
welche ihn und feinen Genoffen Heinrich Inftitor schon 1484 mit
der Inquifition über das „Verbrechen teuflifcher Zauberei" betraute,
find die Quellen des breiten Blutftromes, der nun faft drei Jahrhunderte lang, von allen Dämonen des Haffes und der Verzweiflung
begleitet, das proteftantifche fo gut wie das katholifche Deutschland
durchfluten follte — ein gräßliches Denkmal der Brutalitäten, zu
denen Angft und Aberwitz hinreißen können, der bunkelfte Makel,
der das Andenken diefer Jahrhunderte belaftet.

Wetteifernd mit den älteren Bettelorden strebten die Augustiner-Eremiten nach Reform ihrer Ordnungen und Ausbreitung ihres Einflusses. Reform bedeutete aber immer Neubelebung der alten Strenge in der Regel und den Konstitutionen; der Geist des Stifters sollte erneuert, die Macht des Ordens dadurch gehoben werden. Unter den Augustinern ragt besonders Andreas Proles hervor, den die irregeleitete Überlieferung früher als Vorläufer Martin Luthers in der Lehre von der Gnadenwahl verehrt hat. Vielmehr ließ es dieser meißnische Mönch als Vikar der Observanten — so nannten sich die Anhänger der strengeren Richtung — seine Lebensaufgabe sein, „zur Ehre Gottes und dem ganzen Orden zum Heile" mit rücksichtsloser Strenge, welche keinen Widerspruch duldete, die alte Klosterdisciplin wiederherzustellen. Darüber zerfiel er mit seinem Provinzial und dem General des Ordens selbst, der Prozeß vor diesem endete mit seiner Exkommunikation, aber Papst Sixtus IV. gab dem strengen Eiferer Recht, und dieser Triumph stachelte Proles, seine Anstrengungen und Erfolge zu verdoppeln.

Ließen sich nun also diese Bestrebungen nicht unterdrücken, so kamen sie doch auch nicht zum Ziele. Der Zusammenhang mit der Kurie ward von den Observanten gewahrt, aber der ihres Ordens ward von ihnen zerrissen. Auch stützten sie sich mehr fast als auf den Papst auf die Landesgewalten, welche den kirchlichen Sinn ihrer Unterthanen heben wollten und in den Bettelmönchen willigere Helfer fanden als in der zuchtlosen, von fremden Bischöfen und abligen Patronatsherren abhängigen Pfarrgeistlichkeit. Proles stand in enger Verbindung mit Herzog Wilhelm von Sachsen, der „um der eigenen Seligkeit und des Volkes Besserung willen" den Anstrengungen des ehrenwerten Eiferers mit dem ganzen Nachdruck weltlicher Gewalt zur Hülfe kam. So führten schon hier die reformatorischen Bemühungen zu einer Stärkung der territorialen Gewalten. In den Städten betrachteten die regierenden Geschlechter die Konvente gern als Versorgungsstätten für ihre jüngeren Söhne und Töchter. Mit den Brüderschaften, die den Bettel-Orden anhingen, und den Sammelstellen, den Termineien, an den Orten, wo es kein Kloster gab, wurden breite Schichten der Bevölkerung in andächtiger und hülfsbereiter Abhängigkeit gehalten, aber immer spiegelte sich doch in diesen Verbindungen die landsmännische Abgeschlossenheit des deutschen Lebens wider.

Wenn daher sogar in den mönchischen Kongregationen, welche das von Rom vertretene theokratische Ideal am schärfsten ausgeprägt zeigten, die Zersplitterung eintrat, wievielmehr mußte das in den andern Organen der deutschen Kirche der Fall sein, welche wie die Bischöfe, Reichsäbte und Ritterorden den geistlichen Charakter fast ganz abgestreift und an allen Strömungen des politischen Lebens im deutschen Staat vollsten Anteil hatten!

Jeder Zwiespalt zwischen Sein und Sollen weckt aber die Kritik. Und diese konnte in Deutschland um so weniger ausbleiben, als nun in der That die sittliche Lebensführung der hohen und niederen Geistlichkeit von den klerikalen Idealen sowohl wie von dem sittlichen Bewußtsein der Nation aufs weiteste abwich.

Die Klagen über Unsittlichkeiten im Klerus sind allerdings so alt wie seine Sonderung von den gottgewollten Ordnungen, welche das gesellige Leben der Menschheit regeln. Aber niemals sind sie stärker empfunden und einstimmiger erhoben worden als in dem Jahrhundert vor der Reformation. Die Verteidiger und die Gegner der römischen Kirche, Geistliche und Laien, die höchsten Würdenträger und die Armen und Gedrückten vereinigten sich in den schwärzesten Anschuldigungen gegen die pharisäische Überhebung und die zügellose Entartung des geistlichen Standes; Reformation der Kirche war der Ruf, in dem alle Parteien zusammenkamen.

Ganz besonders finden wir hier wieder die Humanisten auf dem Kampfplan.

Schon an sich war deren Lebensideal den Zielen, welche der kirchliche Glaube dem Erdenwallen steckte, entgegengesetzt. Nicht die Verderbtheit der Kreatur, die Nichtigkeit alles irdischen Strebens, sondern gerade die Lust und Herrlichkeit des Daseins war der Inhalt ihres Lebens; der Natur ins Antlitz zu schauen, ihre Majestät zu erforschen, ihr ausgesprochenes Verlangen. In den Denkmälern der Antike, deren Reste sie, klagend über die Barbarei der Zerstörung, mit rastlosem Eifer zusammentrugen, entdeckten sie die Anmut und Würde, die freie Heiterkeit, den Sonnenglanz des Lebens, nach dem sie sich aus der dumpfen Stickluft, die sie in Kirche und Wissenschaft umgab, hinweg sehnten. Mit nahezu religiöser Andacht blickten sie zu den Heroen des Altertums auf, in welchen sie ihre Weltanschauung verkörpert glaubten. Die Poesie und die Sage dieser verklungenen Welt gewannen in ihren Dichtungen neues Leben; den ganzen Olymp führten sie wieder auf die Erde herab. Vielen verflüchtigten sich die christlichen Anschauungen fast völlig; alle bewegten sich in ihrem Heidenhimmel ungezwungener als in den Sphären der rechtgläubigen Kirche. Mit einer übermächtigen Sehnsucht nach Herstellung des klassischen Paradieses verbanden sie immer den Trieb, die Welt, wie sie war, zu erkennen, die eigene Persönlichkeit auszugestalten, „Priester der Tugend und des Ruhmes" zu sein, „göttlicher Ehren und ewigen Nachruhms" wie die großen Alten teilhaftig zu werden.

Und nun mußten sie sehen, wie dieselben Mönche, deren Leben vorgeblich dem Gehorsam, der Armut und Entsagung geweiht war, von Kanzel- und Beichtstuhl her die Menge beherrschten, auf den Lehrstühlen der Universitäten sich breit machten, die Lehrbücher aller Disciplinen mit ihrer barbarischen Sprache und ihrer phantastischen, spitzfindigen Scholastik erfüllten. Wollten die Humanisten ihre Ideale verwirklichen, so galt es vor allem, die formale Bildung von dem Wuste der „gotischen Barbarei" zu befreien, die Reinheit der klassischen Sprache und Gedanken wiederherzustellen; Lehrer des Volkes zu werden, die Bildungsstätten, vor allen die Universitäten zu erobern, den geistlichen Zunftzwang zu brechen mußte ihr vornehmstes Bestreben werden.

Ihre Hauptwaffe war ihr an den antiken Mustern geübter Witz, für den sie ja Zielscheiben die Fülle in den Gegensätzen des wildbewegten Zeitalters fanden. Auf niemand aber richteten sie ihre scharf gespitzten Pfeile lieber als auf die Geistlichen, und mit nichts fanden sie mehr Anklang als mit den Angriffen gegen diese „Nachtgespenster", die „Geschorenen", welche ihnen auf Schritt und Tritt Konkurrenz machten und in Lehre und Wandel wie niemand sonst Anlaß zur Kritik gaben.

Und doch waren die Humanisten selbst nicht eben die berufensten Tadler. Griffen sie die lockeren Sitten der Mönche an, so war ja gerade ihr Lebensideal die freie Bewegung, der Genuß der irdischen Güter. Ein Leben in fröhlicher Armut und ungebundenem Cölibat war vielen unter ihnen ganz nach dem Herzen. Und sie ahmten auch darin die geliebten Alten nicht nur in der Poesie, sondern auch im Wandel nach. Von anfang bis zuletzt finden sich unter ihnen Männer, welche mit ungezügelter Lebenslust den Freudenkelch oft bis auf die bittere Neige leerten. Unter den Ältesten der „deutsche Erzhumanist" Konrad Celtis, der dem jüngsten, dem stürmischen Ulrich von Hutten fast wie ein Bruder gleicht. Nichts war jenem verhaßter als der Zwang irgend welcher Regel; er führte ein ewiges Studentenleben, von Land zu Land wandernd, wie die fahrenden Scholasten, ganz leichtfertig in Lehrberuf und Sitten, aber von einer unzerstörbaren Lebens- und Schaffenslust beseelt.

Sogar die Wissenschaftlichkeit der Humanisten war ihren Gegnern nicht so durchaus überlegen, wie sie glaubten. Im Besitz ihrer formalen Bildung unterschätzten sie die scholastische Philosophie und Gelehrsamkeit, deren haarspaltende Begriffsschärfe auf tiefgreifenden und lebendigen Wurzeln der kirchlich-sittlichen Weltverhältnisse ruhte. Ihre eigene Philosophie mit der sie wie ihr Vorbild Plato Himmel und Erde zu umspannen und zu ergründen glaubten, knüpfte gerade an die späten fälschenden Fortsetzer des hellenischen Weisen, die Neuplatoniker an und versetzte deren phantastische Theosophie mit kabbalistischen und selbst scholastischen Wahnvorstellungen. In dem Enthusiasmus ihres Erkenntnisdranges glaubten sie wie im Schwunge der Seele die Höhen und Tiefen Gottes und des Universum erfassen zu können: „Ich möchte," ruft Celtis aus, „das himmelsleuchtende Feuer schauen, des Meeres und der Erde, des Windes, Nebels und Schnees Herkunft erkennen. Ich möchte Dich finden, Vater des Alls, durch den die unermeßliche Welt gegründet ist und dessen Wink sie ins Chaos zurückschleudern wird. Allgegenwärtig durchschwebt der Geist den Weltraum, jeden einzelnen Teil beseelend."

So vergaßen diese Poeten die eigenen Grundsätze der Beobachtung, Klarheit, Kritik; sie verwechselten die Zeiten mehr fast als ihre Gegner; sie erfüllten die Welt mit neuen Phantasien; sie, denen keine Autorität galt, brachten nur andere, als unfehlbar verehrte Götter auf und fesselten den Geist, den sie lösen wollten, in den engen Formen einer untergegangenen Bildung und Sprache; indem sie nichts mehr verspotteten als Standesstolz und Anmaßung, benahmen sie sich in lächerlichem Hochgefühl als die ebenbürtigen Nachfolger Homers, Platos und Vergils und waren durchdrungen von der Unsterblichkeit ihrer Dichtungen, welche nun seit Jahrhunderten verschollen sind oder im Staube der Bibliotheken modern.

Sogar ihre Angriffe gegen die Unsittlichkeit und Gleisnerei im Klerus gingen über das Ziel hinaus. So allgemein, wie die Klagen lauteten, war das Verderben nirgends. Gerade die Selbstvorwürfe, welche in den geistlichen Kreisen erhoben wurden, offenbaren die Energie, mit der man nach Besserung trachtete.

Unaufhörlich aber war das Ringen nach Erneuerung des sittlichen und religösen Lebens. In den Klosterzellen lebten Hunderte ernster Geister, welche in der Strenge der Bußübungen und der Arbeit, abgeschieden von dem Lärm des Tages, auf den von der Kirche überlieferten Wegen den Frieden der Seele suchten. Die

Gebetbücher der Zeit sind redende und oft rührende Zeugnisse von der Innigkeit und Gewissenhaftigkeit des religiösen Lebens. Unter den Dornen ihrer Sündenregister und Andachtsvorschriften, neben einer oft weichlichen, zerfließenden Vortragsweise, in der sich der Einfluß der Mystik auf das Sündenbewußtsein und die Andacht offenbart, bringen die zu Tausenden aufgelegten „Seelenführer" und „Beichtspiegel" doch Gedanken von evangelischer Reinheit, leuchtende Funken von der Lichtesfülle, die nun so bald vor der Welt entzündet werden sollte. „Ich weiß", lautet eins dieser Worte, „daß wir einen gütigen Gott haben; auf des Barmherzigkeit und Gütigkeit will ich sterben, und nit auf meine guten Werke." Von den lieben Heiligen wollen sie sich alle noch nicht losmachen, und doch konnte der Franziskaner Deberich Coelde schon 1470 schreiben: „Gegen das erste Gebot sündigen alle, die ihren Glauben, ihre Hoffnung, ihre Liebe mehr setzen in die Heiligen denn in Gott."

Der Humanismus war nicht im stande, die herrschende Weltauffassung zu zerstören. Ja von anfang an machte er Versuche, seine Geistesart mit jener zu vereinigen. Sebastian Brant, der nüchtern-fromme Verfasser des „Narrenschiffs", der streitbare Pädagog Jakob Wimpfeling, der feinsinnig humane Philologe Beatus Rhenanus übertreffen an konservativer Gesinnung und Lebensführung die meisten ihrer Vorgänger bis auf die Ältesten, einen Agricola und Hegius zurück; und ihre Schüler und Lieblinge sind dann wieder die treuen und gelehrten Männer geworden, welchen Oberdeutschland und die Schweiz ihre Reformation verdanken.

Auch ward dem Andrang der neuen Klassizisten auf die Lehrstühle keineswegs überall Widerstand entgegengestellt. Berühmte Vertreter der Scholastik, wie Gabriel Biel in Tübingen oder die Lehrer Luthers, der große „Doctor Erfordiensis" Jodocus Trutveder und Bartholomäus Arnoldi von Usingen, kamen dem stürmisch-jugendlichen Wesen mit Wärme und Verständnis entgegen. Vielfach wurde es als Ehre betrachtet, Stühle für die neue Wissenschaftslehre zu errichten. Männer wie Celtis, Peter Luder, Agricola waren der Stolz der Universitäten, an denen sie wirkten, und man nahm es in Ingolstadt, wenn auch murrend, hin, daß Celtis unaufhörlich auf die Barbaren, Dummköpfe und Wilden schimpfte, vor denen er lesen müsse.

Auch unter den Geistlichen lebten zahlreiche Anhänger der neuen Richtung. Bischöfe wie der geistvolle, leutselige Dalberg

von Worms vereinigten einen wahren Musenhof der berühmtesten
Poeten um sich, Äbte wie der wunderliche Phantast Johann von
Tritheim suchten in ihren Klöstern demselben Geiste Eingang zu
verschaffen. Diesem widerstrebte erfolgreich die Trägheit seiner
Konventualen, anderswo aber gab es Mönche, welche mit vollem
Entzücken für die klassischen Ideale schwärmten. Die Weltlichen
vollends, Patrizier wie der fast antik vornehme Willibald Pirck=
heimer in Nürnberg, und die Fürsten ehrten nach Kaiser Maxens
glänzendem Vorbilde wetteifernd die poetischen Philologen, und der
Goldklang ihrer Huldigungen war diesen beinahe noch lieber als
der „heilige" Lorbeer, mit dem sie von ihnen geschmückt wurden.

So bemerken wir auch auf dem Gebiete der humanistischen Be=
strebungen die Fülle der Widersprüche als das Charakteristische des
Zeitalters. Eine Trennung nach Zeiten und Schulen, etwa einer
älteren und jüngeren, ist gar nicht, kaum selbst nach Persönlichkeiten
möglich. Ganz wenige erreichten die volle Ungebundenheit ihrer
italienischen Lehrer, und nirgends in Wahrheit die Vorbilder und
den Geist des klassischen Altertums, den sie zu erneuern glaubten.
Es blieb in ihnen immer ein Rest der deutschen Schwerfälligkeit
und Derbheit; oft ist die Sprache und Kultur Roms nur wie ein
modisches Zierstück auf dem Grunde eines ehrenwerten und etwas
philiströsen Wesens; so wie ja auch in der bildenden Kunst die
reinen Formen der Renaissance in Deutschland noch lange von der
Gotik überwuchert wurden und niemals zu der klaren Harmonie
der Italiener gelangten. Wenn die Humanisten Homers Lieblings=
göttin Pallas auf ihren Büchertiteln abbilden lassen, so geben sie
ihr eine regelrechte gotische Rüstung; die Helden des Altertums
stellen sie im Harnisch und Ziergewand ihrer Zeit und etwa noch,
um das Fremde und Wunderbare anzudeuten, im orientalischen
Turban dar; sich selbst als Gelehrte im Pelzrock auf dem Katheder,
unter dicken Folianten schreibend oder docierend. Selten erscheinen
die antiken Gottheiten unverhüllt; auch die Abbildung des Poeta
als flotter Musenritter mit Schwert und Leier ward nur aus=
nahmsweise von besonders kecken Geistern zum Symbol erwählt.

Eine Scheidung aber ist nirgends möglich. In derselben Brust
kreuzen sich die feindlichen Strömungen. Doch stehen alle wieder
zusammen, sobald die Grundlagen ihrer Bildung angegriffen
werden. Als Jakob Wimpfeling 1505 mit den Augustinern in
Zwist geriet, kamen ihm zahlreiche Genossen zu Hülfe. Und als
später die Dominikaner die hebräischen Studien Reuchlins, unter

dessen Hand damals Melanchthon seine glänzenden Gaben entfaltete, vor ihren Richtstuhl zu ziehen versuchten, da scharte sich das ganze Heer der Humanisten um den greisen stillen Gelehrten, und eine Wolke töblich treffender Pfeile der Satire schütteten die Erzürnten über die Dunkelmänner aus, welche gewagt hatten, das junge Licht zu bekämpfen: es ist das lärmende und doch so grundverschiedene Vorspiel der Erschütterung, welche unmittelbar darauf von der Wittenberger Klosterzelle her die herrschende Weltordnung aus ihren Fugen heben sollte.

Ziehen wir die Summe des deutschen Lebens, wie es in der Zeit vor dem Auftreten Martin Luthers als Reformator geartet war, so erkennen wir in diesem unablässigen Hasten und Drängen, in diesem Hin= und Widerfluten feindlicher Neigungen und Interessen eine gewaltige Kraftentwickelung, ein stürmisches Vorwärtsstreben des nationalen Geistes.

Auch der Kapitalreichtum ist in Deutschland niemals relativ größer gewesen als in dieser Epoche, so wie der Handel und die Industrie unseres Volkes damals alle Märkte Europas beherrschten. Kein Land war reicher an Metallen; nicht die Zufuhr aus den amerikanischen Gold= und Silberminen hat die Preisrevolution, die im zweiten Jahrzehnt des sechszehnten Jahrhunderts eintrat, zuwege gebracht, sondern vor allem die Überfülle, welche aus: den Grubenwerken des Erzgebirges und des Harzes, wo Luthers Vater arbeitete, ge= wonnen wurde. Kamen die Fremden, Italiener wie Machiavelli und die Gesandten Venedigs, in die deutschen Städte, so bewun= derten sie die gediegene Pracht und das künstlerische Behagen des dortigen Lebens: die bunten Giebelhäuser mit den zierlichen Erkern, die hohen Hallen der prächtigen Kirchen und Rathäuser, die gefüll= ten Speicher, aus denen der Rat in den Zeiten der Not das Ge= treide verteilte, die Bäder, welche auch den Ärmsten offen standen, die Gärten und Marktplätze mit den anmutigen Zierbrunnen. Das Land erschien ihnen mit seinen Getreidefeldern und Wein= bergen, seinen Blumen= und Obstgärten, Landhäusern und Schlössern wie das gesegnetste der Erde. Aeneas Sylvius meinte, die deutschen Bürger wohnten besser als die Könige von Schottland. Über alle Grenzen drängte diese strotzende Volkskraft hinüber. Der deutsche Kaufmann war auf allen Märkten, wo nur Europäer hinkamen, zu treffen. Die Weltfirmen in Augsburg, die Fugger,

Welser und Baumgärtner hatten ihre Vertreter, die „Faktoren" an allen großen Plätzen des In- und Auslandes. Ganze Landstriche und Städte waren in der Fremde von Deutschen besiedelt. Ein Kranz deutscher Städte umgürtete von Krakau bis Peskau (Pskow) und Reval am finnischen Meerbusen die deutschen Kolonialgebiete der Weichsel und Düna und setzte sich jenseits der Ostsee in Malmoe und Kopenhagen fort, welche gleichfalls als deutsche Städte gelten konnten.

Auch die deutschen Fäuste standen überall hoch im Preise. Kein Kampf in Europa wurde ausgefochten, an dem nicht deutsche Landsknechte teilnahmen. Oft standen sie wie daheim Aug' in Auge gegenüber und entschieden mit ihrem Blut fremde Machtfragen, deren Triumphe ihrer Nation Unheil und Verderben bringen sollten.

Denn von Norden, Osten und Westen her, vielfach durch deutsches Geld und deutsche Waffen gestützt, erhoben sich in unserm Zeitalter die großen Mächte, wo der nationale Wille in der Monarchie entschlossenen Ausdruck fand. In Ungarn hemmte nur der frühe Tod des gewaltigen Matthias Corvinus den raschen Aufschwung des Landes; Polen hatte soeben über den deutschen Orden triumphiert; im Moskoviterlande legte Iwan III. Wasiljewitsch seine schwere Hand auf die Kolonien der Schwertritter und der niederdeutschen Seestädte; Skandinavien strebte mehr und mehr, ebenso wie Burgund und das England der Tudor-Könige aus den Fesseln der Hansa empor.

Wäre die ungeheure Kraft, welche sich im deutschen Volke ansammelte, zusammengenommen und in eine Richtung, unter einen Willen, der zugleich den Interessen des Ganzen entsprach, gedrängt worden, so wäre keine der Nachbarnationen im Stande gewesen, diese Übermacht zu ertragen. Aber nur in den Kleinkreisen waren die Deutschen zum Leben und Machtgewinnen fähig und willig. Voran wollte ein jeder, aber jeder für sich und ohne viel Rücksicht auf den Nächsten. Dabei Gleichartigkeiten auf allen Lebensgebieten. Ob der Punkt gefunden werden konnte, in dem diese ihre Verbindung, die Besonderheiten ihren Schutz und die Gesamtheit ihre einheitliche Vertretung fanden, darauf beruhte die Zukunft der Nation.

Viertes Kapitel.

Reformation und Revolution (bis 1525).

Auf der Wartburg.

Am späten Abend ritt Luther mit seinen Begleitern in die alte Veste ein, deren Hof und Pallas einst vom Speer- und Becher-klang sangesfroher Recken wiederhallt hatten, die hohe Warte seines Heimatlandes, unmittelbar über der Stadt, mit welcher sich ihm die freundlichsten Jugenderinnerungen verknüpften. Nach dem Lärm und Treiben der großen Welt, dem gewaltigen Aufruhr der Wormser Tage folgen Monate vollkommener Stille in der Ein-samkeit des Thüringer Waldgebirges, in der „Region der Luft", wie er schreibt, „unter dem Gesange der Vögel, die mit heller Kehle Tag und Nacht die Thaten Gottes loben".

Bald genug empfand Luther den Gegensatz dieser Muße zu den Aufregungen und Aufgaben, die er gehabt hatte und erwartete, mit peinigender Ungeduld. Er nannte die Burg sein Patmos, seine Wüste; er klagte über die Thatenlosigkeit, zu der er verdammt sei; nun erst sei er wahrhaft zum Mönch, zum Einsiedler geworden.

Sein Äußeres und sein Leben entsprachen nicht eben dieser Beschreibung. Da das Geheimnis des Aufenthaltes streng bewahrt werden mußte, warf er Gewandung und Abzeichen des Mönchtums ab, ließ Bart und Haupthaar wachsen und trug sich als ein Ritter, die goldene Kette um den Hals, das Schwert an der Seite. · Als „Junker Georg" sollte er wie in ritterlicher Haft gehalten werden. Ein Edelknabe wartete ihm auf. Mit einem Reiterbuben durch-streifte er die Umgegend bis nach Gotha und Reinhardsbrunn, oder stieg nach Eisenach hinunter zu den ihm befreundeten Mönchen im Franziskanerkloster. Wir finden ihn im Burgwalde auf der

Erdbeerensuche und in dem Jagdgeleite des Schloßhauptmannes Hans
von Berlepsch, der dann wieder ein ernster Hörer seines Gottes=
wortes war.

Draußen wußten anfangs nur ganz Wenige um den Auf=
enthalt; selbst Herzog Johann erfuhr ihn erst im September,
als ihn sein Weg in diese Waldesstille führte. Um so lauter
durchschwirrten das Reich wirre Gerüchte über das Schicksal des
geächteten Mönches. Die Freunde im Oberland fürchteten anfangs,
die Hinterlist der Gegner habe ihn aus dem Wege geräumt. Diese
selbst errieten den Zusammenhang rascher: Aleander berichtete
sehr bald nach Rom, daß der „sächsische Fuchs" den Ketzer
verborgen halte. Um die Wartburg ging Mitte Mai die Sage,
Freunde aus Franken hätten ihn festgenommen. Herzog Johann
hörte, er sei auf einem der sikkingenschen Schlösser an der franzö=
sischen Grenze. Melanchthon erfuhr durch Amsdorf von dem
Scheinüberfall; beide mochten den Aufenthalt ahnen, doch war er
auch ihnen nicht mitgeteilt, und gleich in den ersten Tagen forderte
Luther sie auf, nur zu verbreiten, daß er lebe, sonst aber das
Publikum im Ungewissen darüber zu erhalten, ob er in den Hän=
den von Freunden oder Feinden sei.

Daß er lebte und seiner Worte und Feder mächtig war, er=
fuhren nun aber bald die Freunde durch Briefe, und alle Welt
durch die Schriften, welche er von seinem Berge hinaus sandte.

Luther knüpfte in seinen Arbeiten genau dort an, wo er sie
wegen der Reise zum Reichstage hatte unterbrechen müssen. Es
war sein Erstes, sich die nötigen Bücher und die Druckbogen der
halb fertigen Schriften aus Wittenberg schicken zu lassen. Schon
am 10. Juni konnte er das Magnificat an Spalatin, der unter=
des mit seinem erkrankten Herrn vom Reichstage heimgekehrt war,
befördern. In der Fastenzeit hatte er einen „Unterricht der
Beichtkinder" ausgehen lassen, um die Gewissen, die vielfach
durch den Ablaßzwang von dem Lesen seiner Bücher abgeschreckt
wurden, gegen die Drohungen und Strafen, Absolutions= und
Sakramentsverweigerung zu stärken. Jetzt regte ihn eine erneute
Nachricht Spalatins über dies Vorgehen der Papisten zu einer
größeren Ausführung seiner Gedanken an in der Schrift „von
der Beichte, ob die der Papst Macht habe zu gebieten." Noch
im Mai schrieb er sie nieder. Vom 1. Juni ist die Vorrede, mit
der er sie „seinem besonderen Herrn und Patron, dem gestrengen
und festen Franzisco v. Sikkingen" aus seinem Patmos widmete:

ein letzter Dank für die tröstlichen Erbietungen des Ritters, der
sich jetzt seinem evangelischen Eifer zum Trotz anschickte, dem Kaiser
gegen Frankreich zu dienen.   Fortan gingen die Wege des Kriegs=
manns und des Reformators für immer auseinander.   Dann
machte sich Luther an die Widerlegung der Apologie des Latomus
für das Verdammungsurteil seines Evangelium durch die Löwener
Fakultät, so leid es ihm auch, wie er bemerkt, sein mochte, die
schöne Zeit „mit den Possen des bornigen Sophisten zu verbringen.“
Um so wohler fühlte er sich, als er in der lateinischen Erklärung
des Psalters fortfahren konnte; und mehr als alles lag ihm die
deutsche Kirchenpostille am Herzen, eine Sammlung von Pre=
digten über die Episteln und Evangelien des Kirchenjahres, zum
Vorlesen auf der Kanzel oder auch im Hause bestimmt.   Vom
Juni ab war er, so lange er auf der Wartburg blieb, dabei thätig;
einzelne Stücke kamen im Herbst und zu Beginn des nächsten Jahres
heraus, die Vollendung jedoch schob sich lange hinaus und ward
zum Teil die Arbeit von Schülern.   Dies ist das Buch, von dem
Luther selbst gesagt hat, es sei sein allerbestes, das auch die Pa=
pisten gerne hätten.   Ein Werk von unnachahmlicher Schlichtheit
der Sprache und Auslegung: „Die Episteln und Evangelien seien
darin“, äußerte er später einmal, „deutlich und lüstiglich zugerichtet
und vorgekäut, wie eine Mutter ihren Kindern den Brei vorkäue“;
aber zugleich von mächtiger Erhebung und Klarheit der Gedanken,
schroff und zürnend gegen die päpstlichen Mißbildungen, und doch
von einer inneren Ruhe und Freudigkeit, wie sie nur die gewisseste
Überzeugung verleihen kann.   Luther wollte nichts anderes, als
seine Leser „in die Schrift weisen“.   Sein höchster Wunsch sei,
daß bei den Christen das lautere Evangelium bekannt und seine
Arbeit vergessen werde.   „Denn Du siehest aus meinem Geschwätz,
wie unermeßlich ungleich Gottes Worte sind gegen aller Menschen
Worte, wie gar kein Mensch vermag ein einzig Gotteswort genug=
sam zu erreichen mit allen seinen Worten; es ist ein unendlich
Wort und will mit stillem Geist gefasset und betrachtet sein; . . . .
darum hinein, hinein, liebe Christen! Und laßt mein und aller
Lehrer Auslegen nur ein Gerüst sein zum rechten Bau, daß wir
das bloße, lautere Gotteswort selbst fassen, schmecken und da bleiben,
denn da wohnet Gott allein in Zion. Amen.“   Als er daran
schrieb, war er ausgestoßen von Reich und Kirche; selbst der Priester
auf seiner Burg las noch täglich die papistische Messe. Aber der
Gott, dem er diente, wollte nicht gebunden sein, an „Häuser, Kir=

chen, Klöster, gülbene, seibene und allerlei Kleiber, silbern Gesäß
und Bilbe, Glocken und Orgeln, Licht und Lampen": „Gottesbienst
ist Gottes Lob — der will frei sein zu Tisch, zu Kammern, in
Keller, auf bem Boden, im Hause, anf bem Felb, an allen Örtern,
bei allen Personen, in allen Zeiten. Wer Dir anbers sagt, der
leugt ja so sehr als der Papst und der Teufel selbs." Unb die
Kirche, welche von ihm auf Freiheit gegründet war, hat ihm biese
Auslegung bes Evangelium nicht vergessen; Unzähligen ist sie Jahrhunderte lang Quelle ber Erbauung geworden.

Da Luther neben biesen älteren Aufgaben noch eine Reihe
neuer unternahm, Psalmauslegungen, kleine Schutz- und Trutz-
schriften und größere Traktate, hatte er stets mehrere Arbeiten
unter ber Feber. Daneben die eifrige Korrespondenz mit Spalatin
und ben Wittenberger Freunden und bas nie abbrechende Studium
des alten und neuen Testamentes. „Ich lebe hier", berichtet er
jenem am 10. Juni, „in größter Muße und voll beschäftigt; lerne
Hebräisch und Griechisch und schreibe ohne Unterlaß."

Aber die Tiefen seines Seelenlebens vermochte biese unermüd-
liche Schaffenslust nicht auszufüllen. In der Abgeschiebenheit von
der Welt kamen über ihn wieder die alten Anfechtungen mit der
Gewalt, die ihn in den Mauern bes Klosters fast erbrückt hatte.
Es sind die Kämpfe, welche Überlieferung und Sage und wohl
auch die geängstigte Phantasie Luthers zu handgreiflichen Abenteuern
mit dem leibhaftigen Bösen ausgestaltet hat, beren noch heute der
Reisenbe im Lutherzimmer der Wartburg beim Anblick jenes un-
sterblichen Tintenfleckes gedenkt, der einem Fehlwurf bes Streiters
Christi mit dem Tintenfaß gegen den Fürsten dieser Welt ent-
stammen soll. Ende Juni übermannte ihn ber finstere Geist so,
baß er, wie er sich anklagt, weber schreiben noch beten noch studieren
mochte. Er versenkte sich in die Pein bitterster Selbstvorwürfe:
träge und trunken, schlafsüchtig verbringe er die Tage, er gehe
unter in Versuchungen und Sünden.

Ohne Zweifel ist biese Schwermut zum Teil auf die quälenbe
Krankheit zurückzuführen, welche Luther von Worms auf die Wartburg mitgebracht hatte, und die hier unter der guten, bem Mönche
ungewohnten Pflege bes wackeren Verlepsch sich nur verschlimmern
mußte. Wie er alles, was ihm begegnete, auf ben großen Kampf
seines Lebens bezog, so war er geneigt, auch dies Leiden als eine
besonbere Tücke Satans und zugleich als Strafe seiner Sünden
aufzusassen. Aber wie wenig maßgebend solche Beschwerden

7

für die Stimmung des Reformators waren, beweisen seine
Aussprüche nach der Gesundung, welche von dem ungestillten Auf=
ruhr seiner Seele Zeugnis geben. Es war die alte, quälende,
immer tiefer schneidende Frage der Versuchung, je weiter er aus
den alten Ordnungen zu Gottes Ewigkeit hinaustrat, die ihm in
seiner Wüste unabwendbar nahe kam: „Wie oft", schreibt er seinen
Augustinern zu Wittenberg, „hat mein Herz gezappelt, mich ge=
straft und mir fürgeworfen ihr einig stärkist Argument: Du bist
allein klug? Sollten die andern alle irren und so eine lange Zeit
geirret haben? Wie, wenn du irrest und so viel Leute in Jrr=
tum verführest, wilche alle ewiglich verdammet wurden? Bis so
lang, daß mich Christus mit seinem einigen gewissen Wort befestiget
und bestätiget hat, daß mein Herz nicht mehr zappelt, sondern sich
widder diese Argument der Papisten als ein steinern Ufer widder
die Wellen auflehnt und ihr Drauen und Sturmen verlachet."
Das war die Gewißheit, die er aus dem 5. Vers des 37. Psalms
schöpfte, der auch Paul Gerhard sein schönstes Glaubenslied einge=
geben hat: „Nit, daß du müssig solltist gehen", erläuterte ihn da=
mals Luther, „sondern deine Wege, Werk, Wort und Wandel,
den befehl Gott: richt dich selb nit. Denn es muß Gott nit also
befohlen werden, daß wir nichts thun: sondern was wir thun, ob's
von den Gleisnern vorsprochen, vorschmäht, gelästert oder vorhindert
wird, soll man drumb nit weich werden und ablassen, sondern
immer fortfahren und sie lassen ihren Muthwillen üben, Gott die
Sache befehlen; der wird's wohl machen, auf beiden Seiten, was
recht ist."
    Er fand diese Sicherheit in der Schrift, gegen welche die
Papisten ein jeder hunderttausend Bücher schreiben mögen, sie
würden doch nur schriftlose, nackte, ungelehrte Schreiber sein, welche
besser Badeknechte wären denn Kriegsleute: „Laßt euch je nit,"
ruft er den Wittenberger Freunden zu, „von und aus der Schrift
führen, wie großen Fleiß sie daran kehren. Denn wo ihr da her=
austretet, so seid ihr vorloren, so führen sie euch, wie sie wollen.
Bleibet ihr aber drinnen, so habt ihr gewonnen und werdet ihr
Toben nicht anders achten, denn wie der Fels des Meers Wellen
und Bulgen achtet. Es ist eitel Wellen und Weben, was sie
schreiben. Seid nur gewiß und ohn Zweifel, daß nichts hellers ist
denn die Sonne, das ist, die Schrift: ist aber ein Wolk dafur ge=
treten, so ist's doch nichts anders dahinten, denn dieselbe helle
Sonne. Also, ist ein dunkler Spruch in der Schrift, so zweifelt

nur nit, es ist gewißlich dieselbe Wahrheit dahinten, die am andern
Ort klar ist; und wer das Dunkel nit vorstehen kann, der bleib
bei dem Lichten."

Um die Schachzüge der großen Politik bekümmerte Luther sich
in seinem Patmos nicht, wie auch kaum einer ihm davon schrieb.
Durch Spalatin erfuhr er im Juli, daß Karl der Fünfte von
Krieg bedroht werde. „Er wundere sich dessen nicht", war seine
Antwort, „aber der unselige Jüngling werde nirgends Glück gewinnen und für fremde Gottlosigkeit büßen müssen, weil er zu
Worms auf den Rat der Bösen die Wahrheit, Aug' im Auge, verworfen habe." Das ist fast das einzige Mal, daß Luther in der
Korrespondenz dieser Monate des Kaisers erwähnt. Sonst sprach
er von der Wormser Zeit nur im Ton der Selbstanklage: er habe
sich nicht stark genug gehalten, habe überhaupt nicht dem Zu-
reden der Freunde mit der Flucht vor der Welt nachgeben sollen,
vielmehr Christus bekennen und den Feinden willig seinen Nacken
darbieten müssen; niemals aber werde er wieder ähnlichen Erwägungen
der Vernunft nachgeben.

Um so mehr lag ihm sein Deutschland am Herzen. Noch war
von den Stürmen, die binnen kurzem das Reich in allen Grenzen
aufwühlen sollten, nicht gar viel zu spüren. Der Kaiser rüstete
zum Kriege gegen Frankreich. Tausende zogen seinen Fahnen zu.
Auch Hutten vergaß seine stürmischen Aufwallungen in der Herberge
der Gerechtigkeit und nahm von Sickingen Handsold. Es mochte
fast scheinen, als ob trotz des Achtdekretes und der fortglimmenden
Erregung die Welt sich in den gewohnten Bahnen erhalten könnte.
Luther war keinen Augenblick im Zweifel, daß die Zeit der Ent-
scheidung gekommen sei: das Evangelium war an den Tag gegeben
und konnte durch Gewalt nicht mehr gestillt werden. Wohl aber
besorgte er eine allgemeine Erschütterung, je tiefer er von der Un-
vereinbarkeit seiner Lehre mit der bestehenden Kirchengewalt und
von der Feindschaft der Papisten durchdrungen war. Von seiner
einsamen Warte bemerkte er das unruhige Wogen in allen Schichten
der Nation, das dumpfe Grollen, mit dem das Ungewitter der Tiefe
sich ankündigte. „Wenn der Papst", schrieb er Melanchthon, „alle
angreifen wird, die wie ich denken, so wird Deutschland nicht ohne
Aufruhr bleiben; und je früher er es versucht, um so früher werden
er und die Seinen untergehen und werde ich zurückkehren. Gott
erregt so viele Gemüter, ja auch die Herzen der Menge, daß es
mir nicht glaublich scheint, als könne diese Bewegung gedämmt

7*

werden; und wird sie gedämmt, so wird sie zehnmal größer werden. Deutschland hat viele Karsthansen!" Es erschien ihm als eine be= sondere „Tragödie des Satans", wenn das Vaterland so gestraft werden sollte; aber Gott werde es wohl gestatten. Seine Waffe dagegen war nur das Gebet: „Ich beschwöre Euch, laßt uns den Herren bitten, daß er eile, uns reichlicher seinen Geist zu geben. Denn ich ahne, daß er Deutschland heimsuchen werde, wie es dessen Unglaube, Gottlosigkeit und Haß gegen das Evangelium verdienen." Mit voller Klarheit weissagte er, daß ihn und die Seinen die An= klage als Urheber der Verwirrung treffen werde: „Aber diese Plage wird dann uns zugerechnet werden, und wir werden beschimpft werden von der Menge und verworfen von dem Volke; jene aber werden in ihren Sünden Entschuldigungen suchen und sich selbst rechtfertigen, auf daß offenbar werde, wie die verstockten Herzen weder durch Güte noch durch Zorn zu bessern sind: und viele werden sich ärgern. Es geschehe, es geschehe der Wille des Herrn. Amen."

Unaufhörlich lebte er in diesen tiefen und schweren Gedanken. Auch wenn er über Land ritt oder auf die Jagd hinauszog, ver= ließen ihn nicht seine Bücher. In den Netzen der Jäger erschien ihm das Bild des bösen Feindes: so stellt Satan mit seinen Hun= den, den Bischöfen und Theologen, dem unschuldigen Wilde, den zarten Seelen nach. Ein Häslein, das er mit gefangen, wollte er in seinem Ärmel bergen, aber die Hunde kamen und bissen es tot: so wüten Papst und Satan, um noch die Seelen zu verderben, die er gerettet. Ihn verdroß die „bittersüße Lust", arme Hasen und Rebhühner zu greifen: süßer dünke es ihm, gegen Bären und Wölfe, Eber und Füchse, die ganze Rotte der gottlosen Magister Speer und Bogen zu kehren.

Unter dem Druck der Einsamkeit und Krankheit kam er im Juli auf den Gedanken, nach Erfurt zu gehen, um bei den dortigen Ärzten Heilung zu suchen. Daß in der Stadt nach den festlich bewegten Tagen im April Unruhen ausgebrochen, die Häuser der altgläubigen Professoren und Pfaffen von den Studenten und dem Volk gestürmt und geplündert waren, wußte er; mit Unwillen hatte er von dem Mißbrauch der guten Sache, den er sofort als neue Tücke Satans gegen das Evangelium bezeichnete, gehört. Trotzdem kam ihm nicht von fern der Gedanke, daß seine Hinkunft die Auf= regung steigern müsse oder ihm, dem Geächteten, gefährlich werden könne. Spalatin, der zugleich den Verluſt Luthers für ſeine Univerſität befürchtete, hatte Mühe, ihm das Vorhaben auszureden. In Wittenberg ſelbſt ſahen unterdeſſen die Freunde mit Sorge und Sehnſucht der Rückkehr ihres großen Lehrers entgegen. Beſonders Melanchthon empfand die Trennung mit wachſender Ungebuld; der Gedanke, den „geliebten Vater", wie er ihn damals in ſeinen Briefen nannte, durch Wegzug oder gar durch den Tod zu verlieren, ſchien ihm den Untergang des Evangelium zu bedeuten. Luther fehlte auch für dieſe Stimmungen das Verſtändnis. Wie es ihm gleichgültig erſchien, ob er in Wittenberg, in Erfurt oder Köln das Wort Gottes lehre, ſo konnte er auch nicht begreifen, weshalb ſeine Kollegen nicht ohne ihn fertig werden könnten. Das Evangelium war ja die Kraft Gottes, für die wir Menſchen nur mit dem Munde einzutreten haben; ſo wird ſie ſchon durch ſich allein fortwirken. Es kränkte ihn faſt, daß Melanchthon in ſeine kleinmütigen Sorgen Worte der Bewunderung für ihn ſelbſt einmiſchte, ihn, der doch in den trüben Fluten der Schwermut und Sünde unterzugehen glaube. Gerade von jenem erwartete er, daß er die Rolle, der er ſelbſt ſich halb mit Unrecht entziehe, durchführen werde. Allezeit erfüllte ihn ja die einbringende Schärfe, womit der jugendliche Kollege ſeine aus der ſtürmiſch bewegten Seele geſchöpften Gedanken zu formulieren verſtand, mit Bewunderung. Denn, ob er auch die Weichmütigkeit ſeines Freundes wohl kannte, ſchien ihm doch originale Offenbarung des evangeliſchen Mutes, was bei dieſer liebenswürdigen, beſtimmbaren Natur mehr dialektiſche Kunſt und verſtändnisvoll-feines Anempfinden an die grandioſe Klarheit und Tiefe des Reformators war. Daß Melanchthon ihn in den Hintergrund ſchieben möchte, konnte bei Luther, auf deſſen Seele niemals auch nur ein Schatten von Neid geruht hat, vollends nicht in Frage kommen. So wünſchte er denn, daß der Freund die Kanzel beſteige, denn auf Predigen und Beten komme jetzt alles an, und gerade, weil er nicht die Weihen habe, beweiſe, daß das Wort Gottes nicht an Kappen und Platten gebunden ſei: Melanchthon werde der Herkules ſein, auf deſſen Schultern Gott die Laſt ſeiner Kirche legen wolle.

Aber zum erſten Mal ſollte Luther erleben, was ſeine Perſönlichkeit für das Evangelium bedeute.

Neben Melanchthon trat in dieſen Monaten an der Wittenberger Univerſität beſonders Karlſtadt hervor, der, nachdem ſich ſeine Beziehungen zu Luther vor deſſen Reiſe zum Reichstage gelockert hatten, im Frühling zu König Christian II. von Dänemark gegangen, aber schon im Juni nach Sachsen heimgekehrt war. Er hatte in Kopenhagen Reformpläne jenes gewaltthätigen Fürsten inspiriert, welche durch Einschränkung des Cölibats und der Bettelorden die Trennung des dänischen Klerus von Rom und seine Fesselung an die Krone bezweckten. Jetzt ging er darauf aus, ähnliche Ideeen auf dem so ganz verschiedenen sächsischen Boden zur Ausführung zu bringen. Kaum angekommen, forderte er in öffentlicher Disputation die Aufhebung des Cölibats für Mönche so gut wie für die übrige Geistlichkeit, der er Ehe und Kindersegen sogar als Vorbedingung der Anstellung zumuten wollte. Er ließ es sich nicht nehmen, die aufregende Frage sofort auch in einer deutschen Schrift zu beleuchten, welche mit leidenschaftlichem Drängen und Klagen das Sündenleben in den Klöstern geißelte, dann aber doch wieder mit unbesonnenen und selbst unreinen Argumenten die Notwendigkeit des Gelübbebruches behauptete.

Schon begann überhaupt die große Frage praktisch zu werden. Im Mai trat Feldkirch, dem eben die Propstei von Kemberg nahe Wittenberg übertragen war, in die Ehe und stiftete dadurch mit die erste jener Heimstätten deutschen Geistes, welche durch die Segensströme sittlich gebundener Freiheit, die von ihnen ausgegangen sind, zu allen Zeiten den lebendigsten Protest gegen die Unsittlichkeit naturwidriger Gelübde gebildet haben. Um dieselbe Zeit etwa entschlossen sich ein Priester zu Vatterode im Mansfeldischen und ein Anderer im Meißnischen zu demselben Schritt; jener, wie es scheint, unter nicht eben lauteren Umständen. Beiden geriet es schlecht: der Mansfelder wurde von Kardinal Albrecht, der andere von Herzog Georg und dem Bischof in Stolpe gefangen gesetzt. Auch an Feldkirch hoffte der Kardinal kraft seiner geistlichen Jurisdiktion herankommen zu können, aber der Versuch, den er dazu im August bei Kurfürst Friedrich machte, scheiterte; dieser schickte dem Nachbarn statt des Delinquenten dessen Apologie, worin Melanchthon selbst die Schriftwidrigkeit des priesterlichen Cölibats dargethan hatte.

Luther hatte den Entschluß seines mutigen Freundes mit unverhohlener Sympathie und Bewunderung begrüßt. Ihm selbst lagen ähnliche Gedanken noch ganz fern, zumal da er, so entschieden er über die durch die Schrift gewährleistete Freiheit und den Segen der Priesterehe dachte, sich von der Notwendigkeit, das klösterliche Gelübde in diesem Punkte zu lösen, bisher nicht zu überzeugen vermochte.

Da mußte es ihn nicht angenehm berühren, als er nun im August die tumultuose Beweisführung Karlstadts erhielt, der, was für ihn frei war, als notwendig hinstellte und dabei doch wieder nicht von dem Gedanken los kam, daß der Gelübdebruch Sünde und nur als kleineres Übel gegenüber dem größeren der Unkeusch= heit abzuthun sei. Was war das anders als das alte rechnende Abwägen sittlicher Fragen, gegen welches Luthers Gewissen sich in den Ursprüngen seines evangelischen Denkens aufgelehnt hatte! Viel= mehr schritt dieser jetzt dazu fort, das Problem, dessen Daseins= berechtigung er nicht leugnen wollte, reformatorisch zu gestalten, indem er es sittlich vertiefte. Er führte die Frage auf den zurück, von dem er ausgegangen war und an dem er sich geklammert hielt in allen Ängsten seines Herzens: Gott will nicht die Gelübde, welche seinen Himmel stürmen wollen mit 'guten Werken; er will nur den Glauben an seine Gnade durch Christi Blut; eine Sünde wider den Höchsten begeht, wer mit eigenen Werken ihn gewinnen, Gottes Freiheit fesseln will; wie also könnten wir für geboten halten, was dem ersten Gebote, der Krone aller andern wider= streitet! Wohl dem, welchem Gott gegeben, in der Kindesreinheit durch das Leben zu gehen; aber wehe denen, welche zum Zwang und guten Werke machen wollen, was nur seltene Gottesgabe ist!

In diesem Sinn waren die Thesen gefaßt, die Luther im September Melanchthon zu einer Disputation über die Gelübde zu= schickte. Ihn erweiterte und verdeutlichte er nur in einer Postillen= predigt über das Evangelium des Epiphaniasfestes und in einem besonderen Büchlein von den Gelübden, das er seinem alten Vater widmete; in der Zuschrift „aus der Wüstenung" vom 21. November erinnert er sich mit herzbewegenden Worten kindlicher Ehrfurcht jener leidenschaftlichen Scenen bei seinem Eintritt in das Kloster und der väterlichen Warnungen, denen er mit gottlosem Mönchs= trotze widerstrebt habe.

Luther nahm die Veranlassung zu dieser letzten Schrift aus den Nachrichten, welche ihm aus Wittenberg über neue Unruhen zugekommen waren. Sie hatten ihren Ursprung in dem Augustiner= kloster selbst, wo ein Ordensbruder, Gabriel Zwilling, schon seit Wochen auf der Kanzel des Reformators in der Klosterkirche mit stürmischem Eifer gegen die Gelübde herzog. Damit verband Zwilling aber einen andern, noch weiter führenden Angriff auf den Mittelpunkt des katholischen Kultus, den Meßdienst selbst. Auch darin hatte er Karlstadt zum Vorgänger, der bereits im Juli

Thesen darüber aufgestellt hatte. Luther war von der Verwerf=
lichkeit der Privatmesse, die auf dem Begriff des Opfers beruhte,
so durchdrungen wie nur immer die andern; ihre Beseitigung
hatte er sich längst als erste Aufgabe nach seiner Rückkehr gedacht.
Nur daß er auch darin nicht mit Karlstadt für die Notwendigkeit,
sondern für die Freiheit des Gebrauches eintrat. Wenn jener
schon den Genuß des Abendmahls ohne den Kelch als Sünde be=
zeichnete, so begann diese für Luther erst in dem Moment, wo
die Kelchentziehung als Gottes Gebot hingestellt oder anerkannt
ward; denn nach dem Worte, nicht dem Beispiel Christi, der das
ganze Abendmahl nicht gefordert, wohl aber allen erlaubt habe,
dürfe man schließen.

Indem nun Zwilling den Opferbegriff und die Anbetung des
Sakramentes bekämpfte, seinen Genuß durch die Gemeinde wie
den Priester forderte, trat er damit nicht eigentlich für jenen gro=
ben Begriff Karlstadts ein, näherte sich aber doch dessen Stand=
punkte durch die eigenmächtige Heftigkeit seines Vorgehens und den
Zwang, mit welchem er die Feier nach dem Beispiel der Einsetzung
einrichten wollte: immer mehrere Kommunikanten müßten zugleich
Brot und Wein empfangen. Im Kloster, an der Universität und
bei der Bürgerschaft gewann er rasch Anhang. Der Prior Helt
sah sich bald mit seinen Bemühungen, den alten Ritus festzuhalten,
allein gelassen, und hielt es für das Geratenste, das Messelesen
seinen Mönchen überhaupt zu verbieten. Die Aufregung wuchs,
als Bevollmächtigte des Kurfürsten, der mit steigender Ängstlichkeit
diese umwälzenden Konsequenzen der evangelischen Gedanken be=
merkte, nach Wittenberg kamen, um vor Übereilungen und Neue=
rungen zu warnen. Das Professorenkollegium selbst spaltete sich.
Während der Dechant und die meisten Kapitelherren vom Aller=
heiligenstift für die Beobachtung der alten Regeln und Ceremonien
eintraten, hielt der theologische Ausschuß, in dem Melanchthon neben
Karlstadt saß, dem Fürsten in kühnen Worten die Schriftgültigkeit
der neuen Predigt entgegen und ermahnte ihn unter dem Hinweis
auf den Tag der Vergeltung, „den Mißbrauch der Messen" in
seinem Lande bald abzuthun, möge er auch darum als Böhme und
Ketzer gescholten werden. Seitens der Studenten und der Gewerke
äußerten sich die Sympathien für die aufsässigen Mönche, die zum Teil
an der Universität inskribiert waren, in lärmenden Demonstrationen:
der Meßgottesdienst ward gestört, Mönche auf der Gasse beleidigt, das
Barfüßerkloster mit einem Sturm bedroht. Es ließ sich an, als

sollten sich die Vorgänge von Erfurt, von wo schon Stubenten herüber kamen, in Wittenberg wiederholen. Anfang November traten wirklich 13 Augustiner aus dem Kloster; einer von ihnen, ein Laienbruder und Tischler, erhielt vom Rat das Bürgerrecht und gedachte, wie es wenigstens hieß, sich zu verheiraten. Am 3. Dezember erschienen einige Stubenten und Bürgersöhne mit blanken Messern unter den Röcken in der Pfarrkirche und trieben die Priester von den Altären.

Luther betrachtete diese Wirren mit großer Ruhe. So wenig die Ausschreitungen nach seinem Sinn waren, konnte er doch das Ziel der Bewegung, die Freiheit des Abendmahls und der Gelübbe nur anerkennen. Gegen die Messe trat er sogleich selbst in einer eigenen Schrift auf. Für ihn war der Gesichtspunkt, nach dem der Kurfürst bamals gerne vorgegangen wäre, die Predigt des Evangeliums von der „Zustimmung der allgemeinen Kirche" abhängen zu lassen, weit verdächtiger als die Exceſſe einiger jugenblichen Hitzköpfe und selbst der Mißbrauch der Freiheit aus „fleischlichen" Gelüsten, welcher wohl manchem der ausgetretenen Mönche nachgesagt werden konnte.

Und gerade in diesem Augenblick geriet er mit der zaghaften Friedfertigkeit, der am Hofe das Wort geredet wurde, von ganz anderer Seite her aufs heftigste aneinander.

Den Anlaß hatte wieder sein alter Gegner vom Ablaßhandel, Karbinal Albrecht gegeben.

Der Hohenzollersche Kirchenfürst befand sich seit dem Reichstage in keiner beneidenswerten Lage. Als Primas der deutschen Kirche hätte er vor allen dem Wormser Ebikt Nachbruck geben müſſen. In der That hatte er den Cölibatbruch jener beiden Priester verfolgt, einen andern, den hochangesehenen Kaugisdorf in Magdeburg an der Predigt verhindert und, als ob er seine altkirchliche Gesinnung recht vor aller Welt beweisen müßte, den Ablaßhandel für den Bau seiner Stiftskirche in Halle wieder aufgerichtet. Andererseits jedoch durfte und wollte er nicht einmal allzu schroff gegen die Neuerungen vorgehen, da Abel und Bürgerschaft seiner ausgedehnten Diöcesen in steigender Gährung und die Geistlichkeit selbst teils bedroht, teils evangelisch gesinnt war. So geriet der willensschwache Fürst von neuem auf die alte Bahn, die Extreme vereinigen zu wollen. Wohlwollende Äußerungen von ihm über Glauben und Evangelium, Friede und Reformation gelangten nach Wittenberg; als der Minoritenprovinzial um die Erlaubnis, gegen

die Neuerer zu predigen, nachsuchte, ward er abgewiesen. Noch
befand sich bei Albrecht, der seit dem Juni in Halle residierte, als
höchst geschickter Interpret dieser Gedanken Wolfgang Capito, welcher
sich trotz des Ediktes ihnen eifrig anzuschmiegen suchte. Seinen
oberdeutschen Freunden gegenüber beschwerte sich der humanistische
Theologe über die „unvorsichtige Kühnheit", die „herbe Frömmig=
keit" der Lutheraner, über die Gefahr, welche sie der „Bildung"
brächten; vor diesen selbst tauchte er die Feder in lauter Liebens=
würdigkeit und Rücksicht: „Reformation, aber nicht Umsturz der
Sitten und Gebräuche" lautete die verlockende Parole. Ende
September unternahm es Capito, in persönlicher Unterredung die
Sachsen für seine scheinbar aussichtsreichen, national gefärbten
Vermittlungspläne zu gewinnen. In Wittenberg, wohin er sich
zuerst wandte, traf er nun freilich zu sehr ungünstiger Stunde ein,
eben als Zwilling sich zu seinen Angriffen anschickte; um so gnädiger
aber war die Aufnahme, welche ihm darauf am Hof in Lochau
zu Teil ward.

Luther blickte durch diese Wolke von evangelischen Versicherungen
und diplomatischen Rücksichten nur auf einen dunkeln Punkt, den
neuen Ablaßkram in Halle. Kein größerer Schimpf konnte dem
Evangelium angethan werden, als den Seelenschacher unter dem
Schein des Reformeifers zu erneuern. Er beschloß, den charakter=
losen Priester unter der ganzen Wucht seines Zornes zu erdrücken.
Am 7. Oktober schrieb er Spalatin, daß er einen Angriff auf den
„Abgott des Mainzer" — er nannte den Ablaß so — nicht zurück=
halten könne; am 1. November hatte er die Schrift „wider den
neuen Abgott in Halle" fertig. Eben sollte sie an Spalatin ab=
gehen, als dieser meldete, der Kurfürst werde die Veröffentlichung
nicht dulden.

Aber von neuem sollten der Fürst und sein Hofprediger er=
fahren, daß sich eine Simsonskraft nicht durch Weidenruten binden
läßt. Gerade auf sie wandte sich jetzt der drohende Zorn des Re=
formators: „Ich ertrage es nicht, wenn Du sagst, der Fürst werde
die Schrift gegen den Mainzer nicht leiden und könne nicht den
öffentlichen Frieden stören: eher werde ich Dich und den Fürsten
selbst und jede Kreatur des Papstes vernichten. Wie? — ich habe
dem Papste widerstanden und sollte einem seiner Geschöpfe weichen!"
Hier gelte es, den ewigen Frieden zu sichern; solle man ihn zer=
stören, um den zeitlichen zu erhalten? Statt der Trostschrift, um
welche Spalatin für den Fürsten gebeten hatte, erhielt er das fertige

Libell, zugleich mit dem Traktate über die Messe und dem strikten Befehl, beides sofort an Melanchthon einzusenden.

Auch dieser Absage gegenüber wagte Spalatin noch zu trotzen: er behielt die Traktate, dazu auch den bald darauf gesandten über die Gelübde kurzerhand bei sich. Mag nun der Argwohn, daß der Vermittler falsches Spiel treiben könne, oder eine Nachricht aus Wittenberg das Motiv gewesen sein — genug, plötzlich machte sich Luther aus eigenstem Antriebe, ohne Geleit, nur von einem Knecht begleitet, mitten durch das Land seines Feindes, des Herzogs Georg auf den Weg nach Wittenberg. Am 3. Dezember kam er durch Leipzig; kurz darauf trat er in seiner Ritterkleidung, mit langem Bart und Haar unter seine Wittenberger Freunde. In Amsdorfs Hause — denn in das Kloster durfte er sich nicht wagen — traf er Melanchthon und erquickte sich an den lang entbehrten Gesprächen. Hier erfuhr er nun, daß man in Halle, wohin vielleicht sein Vorhaben gemeldet war, den Ablaßhandel eingestellt habe und dem Evangelium sehr viel lebhafter das Wort rede. Obwohl er daher von Spalatin die Bücher, deren Unterschlagung jetzt ja ganz deutlich war, in einem neuen Zornesbrief einforderte, mußte ihm doch selbst die Veröffentlichung jener Schrift nicht mehr rätlich erscheinen. Aber ganz ungestraft durfte der Kardinal, der mit dem Heiligen Spott getrieben, nicht ausgehen; und so kamen die Freunde überein, ihm wenigstens in einem Briefe Fehde anzukündigen. Jonas ward bestimmt, ihn nach Halle zu überbringen, Luther ritt auf seine Burg zurück.

Der Brief, welchen Albrecht zu lesen bekam, gab durch seine Wendungen von der „Büberei des Ablasses" und der „Pharaonischen Verstocktheit" der geistlichen „Tyrannen", durch seine Vergleiche zwischen Bischöfen und Wölfen und die Anspielungen auf das Sündenleben in Halle einen sehr bittern Vorschmack des Tones, der von der Schrift selbst zu erwarten stand, und brachte auf den evangelischen Kardinal und seinen humanistischen Reformator eine wahrhaft betäubende Wirkung hervor. Jener sank vor dem gebannten Mönch in seiner Antwort gleichsam auf die Kniee, rechtfertigte sich mit der längst erfolgten Abstellung des Mißbrauches und äußerte sich wie ein zerknirschter Sünder vor dem strengsten Beichtvater. Capito glaubte auch jetzt noch die Verdienste und Vorteile, welche das Evangelium seiner Stellung am erzbischöflichen Hof schulde, in rosiges Licht setzen zu können, zog sich aber damit nur eine Zurechtweisung zu, in der ihm mit gewaltigen Worten die Unverein-

barkeit der evangelischen Predigt und diplomatisierender Reformge=
lüste klar gestellt wurde*). Den Erzbischof selbst würdigte Luther
keiner Antwort. Sein Geist hatte sich längst höheren Aufgaben zugewandt.
Denn erst jetzt, in der Stille der Advents= und Weihnachtswochen
war er, von den Freunden ermuntert, an die Arbeit gegangen,
welche das Jahr seiner Verbannung dem evangelischen Deutschland
besonders teuer gemacht hat, an die Übersetzung der heiligen
Schrift, zunächst des Neuen Testamentes. Luther wollte auch
hierin nur ein Dolmetsch des Gotteswortes sein, das er in der
Urkunde des Glaubens wieder gefunden hatte. Es war ganz nach
seinem Herzen, als er von dem gleichen Vorhaben seines Freundes
Lange in Erfurt hörte. Jede Stadt, meinte er, müsse ihren eigenen
Übersetzer haben und dies eine Buch jedermann vor Augen und
Ohren, in den Händen, auf den Lippen sein. Ein Wunsch, der
dann freilich nicht wahr geworden ist. Vielmehr hat kein Werk
die Übermacht Luthers in der Entwickelung des deutschen Geistes
gewaltiger offenbart als seine deutsche Bibel, welche alle ähnlichen
Versuche von früher und später überdauert und beseitigt hat. Es
galt dem Reformator, die Quelle, aus welcher er das neue Leben
getrunken, auf den Boden des Vaterlandes zu leiten, in den
Formen deutschen Empfindens und Verstehens neu zu fassen, den
Einklang, den er in den Schriften des Alten und Neuen Testamentes
entdeckte, in deutscher Sprache wieder aufleben zu lassen. Sonst,
in Briefen, Streit= und Lehrschriften, selbst in den Predigten
kämpfte er mit dem ganzen Rüstzeug seiner leidenschaftlichen Natur,
loderndem Zorn, vernichtendem Spott, oft genug auch urwüchsiger
Grobheit. Das Alles blieb hier weit unter ihm. Er wandelte
auf geweihtem Boden, in Demut und Andacht, in geheiligter
Stille, als spräche er sein Gebet. Denn „zu solchem Dolmetschen",
sagt er, „gehöret ein recht fromm, treu, fleißig, furchtsam, christlich,
gelehret, erfahren, geübet Herz." So ging unter seinen Händen
ein Buch, an dem Jahrhunderte gearbeitet haben, wie aus einem
Guß, aus einem Geiste neu geschaffen hervor. Nicht wegen seiner

*) Vom 17. Januar. Aus ihr das Motto unserer Schrift. Vollständig
lautet die Stelle: Habes itaque Lutherum, sicuti semper habuisti, obse-
quentissimum mancipium, si modo pietatis amicus fueris: rursus egregium
contemtorem, si perrexeris cum tuo Cardinali ludere in re sacra. Summa
esto: charitas nostra pro vobis mori parata est, fides vero si
tangitur. tangitur pupilla oculi nostri.

Bibelübersetzung allein dürfen wir Luther den Neuschöpfer unserer Sprache nennen; die ganze Fülle seiner Schriften offenbart „die rechte Art deutscher Sprache," die er fand: aber diese geistige Einigung unserer Nation ist doch wieder durch keins seiner Bücher mehr gefördert als durch sein „Evangelium, deutsch". Nirgends bot sich ihm so reiche Gelegenheit, die Tiefen unserer Sprache auszuschöpfen, wie bei der Übertragung dieser heiligen Geschich= ten, Lehren und Bekenntnisse, welche das deutsche Volksgemüt schon seit Jahrhunderten befruchtet hatten. „Da mußte er," wie er seinen Tischgenossen erzählt hat, „die Mutter im Hause, die Kinder auf der Gasse, den gemeinen Mann auf dem Markt drum fragen und denselbigen auf das Maul sehen, wie sie reden, und darnach dolmetschen, so verstehen sie es dann." „Des ich mich," setzte er bescheiden hinzu, „befliffen und leider nicht all= wege erreicht noch troffen habe." Es giebt aber in deutscher Sprache kein Buch, welches die Volksseele treuer und reiner wider= spiegelte als diese Übersetzung; eben weil dieselbe in keinem Deut= schen treuer und reiner offenbar geworden ist, als in Martin Luther.

Die Bibelübersetzung, die er für das Neue Testament auf der Wartburg ganz durchführte, hielt in Luther den Gedanken an die Heimkehr lebendig; nur bis Ostern dachte er noch in seiner Wüste zu bleiben.

Unterdes aber drangen in seine winterliche Stille immer lauter und lauter die Meldungen von neuen Wirren in Wittenberg. Der Streit im Augustinerkloster ward zwar auf einem Ordenskonvent, der nach Neujahr in Wittenberg selbst zusammentrat, direkt nach Luthers Weisungen beigelegt, indem die Freiheit von den Gelübden nach Gottes Wort proklamiert wurde: jedermann erhielt Urlaub, das Kloster zu verlassen oder zu bleiben; das Betteln und die Votivmessen wurden abgeschafft — Beschlüsse, welche der Selbst= auflösung des Ordens nahe kamen. Aber die Bewegung hatte schon eine Richtung genommen, welche über die lutherischen Ge= danken weit hinausging. Das strenge Vorgehen der Regierung gegen die Unruhstifter vom 3. Dezember, der darauf folgende Be= fehl, mit den Neuerungen im Meßdienst einzuhalten, hatten die Kluft zwischen den Parteien nur vertieft; die unruhigeren Elemente in Bürgerschaft und Universität schlossen sich enger aneinander und fanden in Karlstadt einen täglich heftiger drängenden Führer. Gerade weil dieser den Hof zögern sah, hielt er es an der Zeit,

voranzuschreiten, im stürmischen Anlauf rasch an die Spitze zu
kommen. Am Weihnachtstage teilte er selbst das Abendmahl aus,
das Brot und den Kelch, und wiederholte die Ceremonie im Januar
mehrmals. Er zögerte nicht, sich zu verloben und bald darauf
Hochzeit zu halten.

Während er so sich in offenen Gegensatz zu der Regierung
stellte, erhielt er gegen Ende des Jahres von auswärts Gehülfen,
welche das Reich Gottes noch in ganz andern Formen auszubreiten
bestrebt waren. Es waren zwei Zwickauer Tuchmacher, mit ihnen
ein alter Wittenberger Student, Marcus Stübner, der Melanchthon
selbst ziemlich nahe gestanden hatte.

Die Stadt, von wo sie kamen, war mit dem nahen Erzgebirge
von jeher ein fruchtbarer Boden für Sektenbildungen gewesen:
taboritische und vielleicht noch mittelalterliche Schwärmerei lebte
auch jetzt wieder in den Männern auf, welche es unternahmen,
die evangelische Lehre in der Stadt Luthers wirksam zu machen.
Über diesen fühlten sie sich weit erhaben. Ohne Bibel, unmittel=
bar von Gott selbst rühmten sie sich das Wort, die Erleuchtung zu
erhalten, die sie als ein völliges Versinken in Gott, als die „Ge=
lassenheit in Gelassenheit", d. h. eine Entäußerung von allen natür=
lichen Regungen und Affekten beschrieben. Nur dies sei der Glaube,
den also die Unmündigen nicht besitzen könnten; so daß die Kinder=
taufe zu verwerfen sei. Sich selbst hielten sie für die Auserwählten,
die Propheten, durch die Gott rede und seinen Willen kund thue,
denen alle Welt Gehorsam schulde. Bereits verkündigten sie die
Zukunft und den Weg, auf dem das Evangelium seinen Einzug
halten werde: eine völlige Verwüstung der Welt, den Untergang
aller Geistlichen und Gottlosen. Kürzlich hatten sie in Zwickau mit
ihren zahlreichen Anhängern, unter denen sich der Prädikant Tho=
mas Münzer besonders hervorthat, sogar versucht, ihrem Geist
gewaltsam Bahn zu brechen, und waren eben, weil ihnen dort
vom Rat und Amtmann des Orts nachdrücklich gewehrt worden,
nach Wittenberg entwichen.

Karlstadt hatte mit den neuen Propheten zu viel Berührungs=
punkte, als daß er von ihnen nicht hätte beeinflußt werden müssen.
Er stützte sich auf dieselben unruhigen Elemente, bei denen jene
Anhang fanden. Auch sein Grundsatz war, die Gemeinde selbst
zur Ordnung des Gottesdienstes aufzufordern, wo sich die Obrigkeit
versage; das stürmische, ehrgeizige Drängen der Schwärmer ent=
sprach durchaus seiner Richtung. So machte sich mit dem neuen

Jahr in Wittenberg ein wüstes, aufgeregtes Treiben breit. Beichte und Meßgewänder wurden abgeschafft, die Fastentage geflissentlich gebrochen, die Bilder und Kruzifixe als Ölgötzen verhöhnt und schließlich aus den Kirchen gerissen, zerschlagen und verbrannt. Zugleich schritt man zu tiefgreifenden socialen Umgestaltungen: aus den Kirchenstiftungen ward ein „gemeiner Kasten" gebildet, eine Darlehnskasse mit geringem oder gar keinem Zinsfuß für arme Handwerker; die Bettelei sollte auf immer ein Ende haben, eine strenge Zuchtordnung die Sitten rein erhalten. Daß den Armen das Evangelium gehöre, wollte Karlstadt buchstäblich wahr machen. Er scheute sich nicht, zu den Bürgern in die Häuser zu gehen und sie um die Erklärung dunkler Bibelstellen zu bitten; da Gott die Laien mit seinem Geist so gut erleuchte wie die Gelehrten. Er ließ sich vor seinen Studenten über den Unwert der Studien aus und ermahnte sie, nach Hause zu gehen und Ackerbau zu treiben; denn es stehe geschrieben, daß der Mensch im Schweiße seines Angesichts sein Brot essen solle. Von allen Seiten erfuhr er Beifall und Hülfe. Bruder Gabriel trat neben ihm im Studentenrock auf die Kanzel. Der Rektor der Knabenschule, Georg Mohre, gab Ferien auf alle Zeiten, und aus der Schulstube ward ein Brothaus. Der Rat ließ sich von der Bewegung vorwärts treiben, sanktionierte zum Teil die Beschlüsse, sah aber angstvoll nach Lochau hinüber. Der Kurfürst, dem harte Beschlüsse des Reichsregimentes gegen den Meß- und Gelübbebruch, Klagen und Drohungen der benachbarten Bischöfe und seines Vetters Georg zukamen, sandte Abmahnungen über Abmahnungen, gelangte aber zu keinem festen Entschluß. Melanchthon wußte vollends weder aus noch ein; selbst den Zwickauern mit ihrem groben Inspirationsbegriff und ihren Behauptungen über die Kindertaufe fand er nichts Rechtes entgegenzusetzen.

Aller Augen wandten sich aufs neue nach der Wartburg.

Luther durchschaute die neuen Propheten auf den ersten Blick. Ob sie ihre Gespräche mit Gott als „friedfertig und erquickend, andächtig und gelassen" schilderten, fragte er Melanchthon: so solle er sie verwerfen, und wenn sie sich in den dritten Himmel entrückt wähnten. Er kannte die Wehen, die Todesängste, unter denen das Gotteswort errungen ward. „Willst Du wissen Ort und Zeit und Art der göttlichen Gespräche? Höre: wie der Löwe hat er alle meine Gebeine zerschmettert, und: ich bin verworfen vor Deinen Augen, und: meine Seele ist mit Pein erfüllet, mit Vorgeschmack

der Hölle." „Deshalb redet die Majestät Gottes durch die Men=
schen, weil wir es nicht ertragen könnten, wenn er selber spräche."
Die Allmacht Gottes, vor der wir alle Unmündige sind, stellte er
den Schwärmern auch zum Schutz der Kindertaufe entgegen: wer
wolle leugnen, daß Gott auch in den Kleinsten seinen Glauben
wecken könne?

War es nun so wie so Luthers Wunsch, heimzukehren, so
mußte die wachsende Bewegung seinen Entschluß zur Reise bringen.
Der Kurfürst war noch immer dagegen, aber wieder sandte
er vergebens seine Warnungen: am 1. März brach Luther von
der Wartburg auf, wie das erste Mal ohne Geleit, „in einem
höheren Schutze," schrieb er dem Fürsten, um trotz Schwärmern
und Papisten das Evangelium zu retten. Zu Jena im Schwarzen
Bären trafen ihn zwei junge Schweizer, Studenten, die nach
Wittenberg zogen. Sie verwunderten sich über den Reitersmann,
der vor dem Tisch saß, die rechte Hand auf dem Knopf des
Schwertes, und in einem hebräischen Psalter las; und wollten dem
Wirt nicht glauben, als er ihnen sagte, das sei der Luther.
Später hat einer von ihnen die Begegnung aufgeschrieben, und
man muß diese treuherzige Schilderung selbst lesen, um die groß=
artige Stimmung, womit der Reformator den neuen Stürmen ent=
gegen ging, ganz zu begreifen*). Am 5. März rastete er in Borna
südlich von Leipzig, und schon am folgenden Tage ritt er in
Wittenberg ein.

---

*) Abgedruckt u. A. von G. Freytag, in den Bildern aus der Deutschen
Vergangenheit. 1. Teil. — Haltung und Blick schildert der Erzähler, Johann
Keßler von St. Gallen, wie folgt: „Wie ich Martinum anno 1522 gesehen
hab, war er einer natürlich ziemlichen Feiste, eines aufrechten Gangs, da er
sich mehr hinder sich denn fürber sich neiget, mit aufgehebtem Angesicht gegen
den Himmel, mit tiefen schwarzen Augen und Brauen blinzend und zwitterlend
wie ein Stern, daß die nit wohl mügen angesehen werden."

Die Seitenzählung dieses Abschnitts bezeichnet nur ungefähr die Stelle,
welche er nach dem Gesamtplan innehaben wird.